Felix Grimm

Inspirationen
FÜR BALKON UND TERRASSE

24 kreative Deko-Ideen zum Wohlfühlen

CV

INHALT

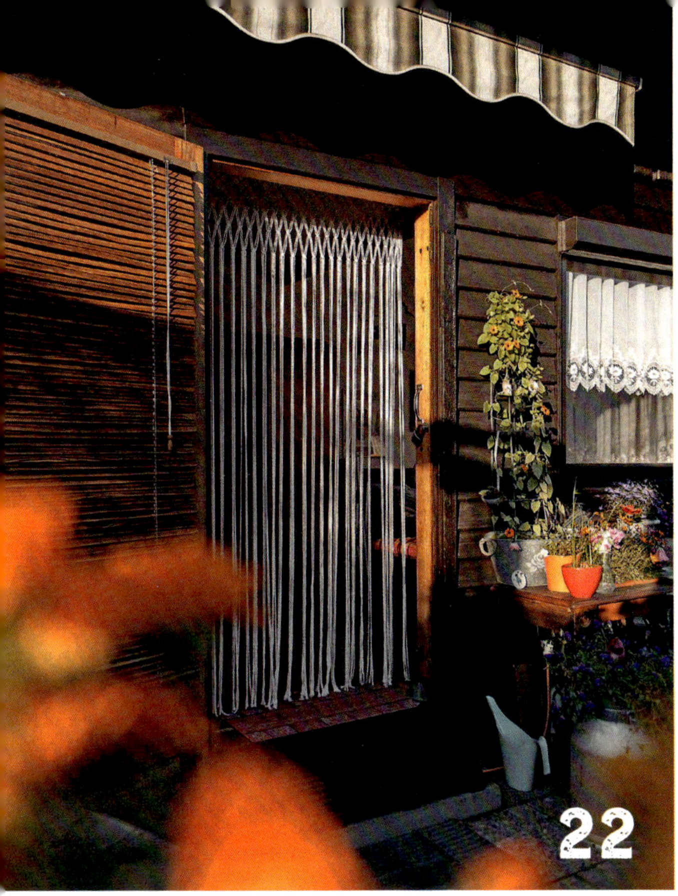
22

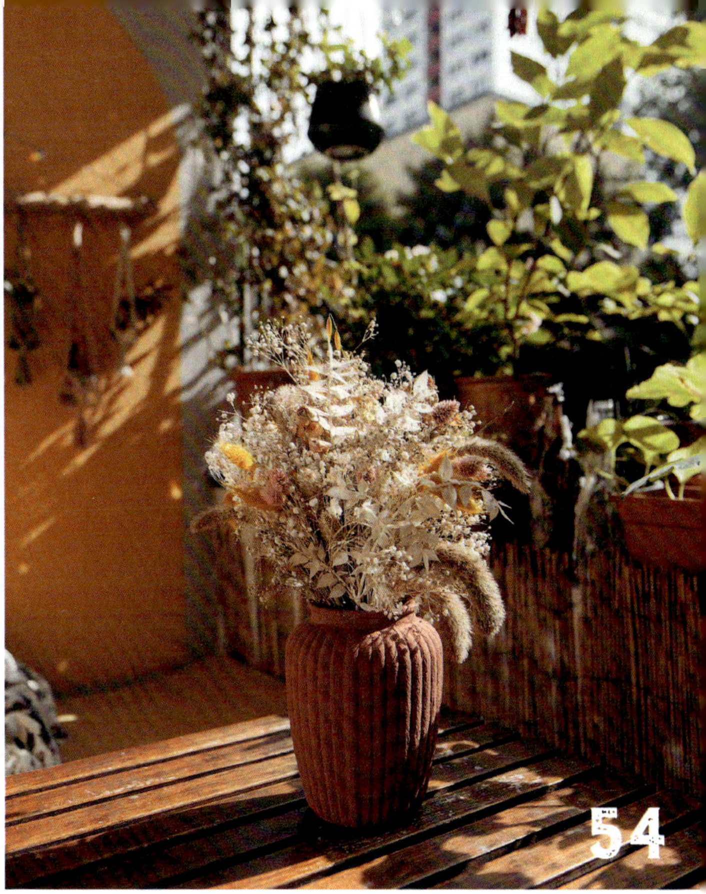
54

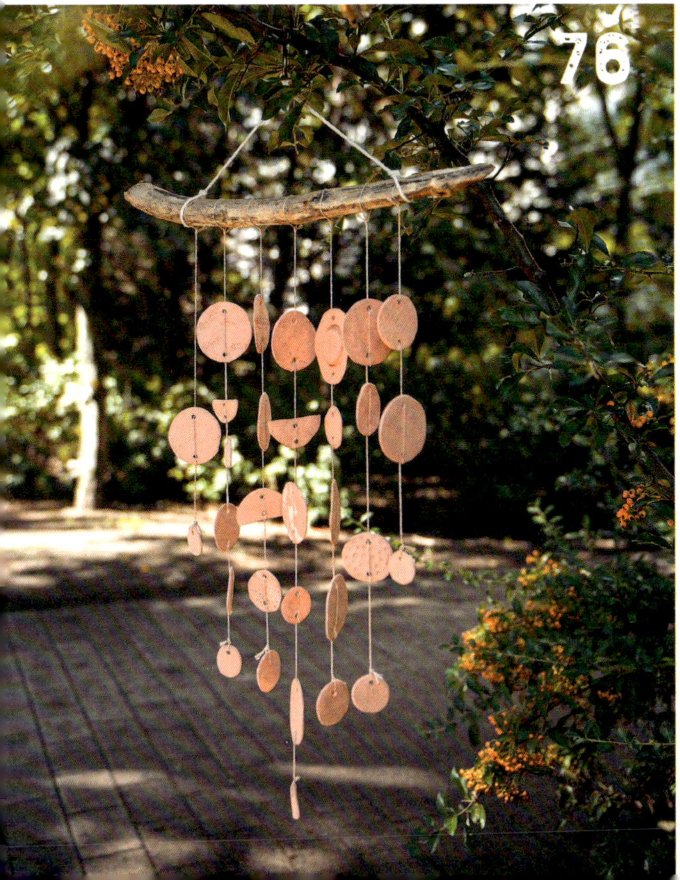
76

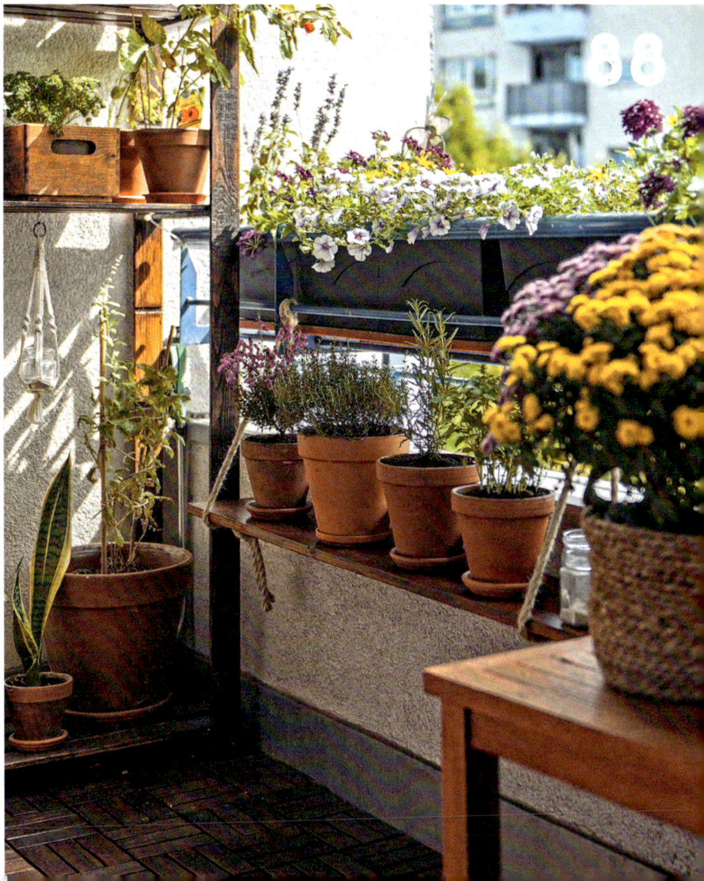
88

HALLO UND WILLKOMMEN!

Schön, dass du dir mein Buch gekauft hast und wir uns hier begegnen – ich freue mich riesig! Ich bin Felix und wohne in Berlin. Ich arbeite als selbstständiger Fotograf, liebe es, Menschen zu porträtieren, meine Reisen zu dokumentieren und auch in meiner Freizeit ist eine Kamera immer mit dabei. In den letzten Jahren habe ich zudem mein Faible für Einrichtung und Dekoration entdeckt.

Und weil nur das glücklich macht, was man teilen kann, habe ich **@merakikollektiv** gegründet, meinen Account auf Instagram. *meraki* ist Griechisch und bedeutet so viel wie „etwas mit Seele, Kreativität oder Liebe tun und etwas von sich selbst in seine Arbeit stecken". Ich fand den Namen deshalb so passend, weil ich genau meine Herzensthemen auf Instagram zeige: meinen Fotografie, meine Reisen, meine Liebe zur Gestaltung von Wohnräumen. Hier lade ich Make-over hoch, räume zum 20sten Mal meine Wohnung um und nehme meine Follower mit bei kleinen kreativen Projekten, die mir so einfallen.

Zusammen mit über 80 Pflanzen, vielen Secondhand-Möbeln und einer ganzen Menge Makramee-Arbeiten lebe ich auf 33 qm in einer Platte in Lichtenberg. Wie die meisten Menschen habe auch ich meine Wohnung nach und nach so gestaltet, dass ich mich wohlfühle. Es hat mir Spaß gemacht zu beobachten, wie sie dabei ihren ganz eigenen Charakter bekommt und widerspiegelt, wer ich bin!

Mein Balkon ist ein wesentlicher Teil davon. Auch hier habe ich versucht, eine kleine, aber feine Wohlfühloase zu schaffen. An schönen Tagen freue ich mich jeden Morgen, umgeben von vielen Pflanzen in der Sonne auf meiner Bank zu sitzen und meinen Kaffee zu genießen. Und wie war das doch mit dem Glück des Teilens? Auf den folgenden Seiten zeige ich dir ein paar tolle DIYs, die auch dir helfen, aus deinem Balkon oder deiner Terrasse einen wunderschönen Ort zu machen, an dem du perfekt entspannen kannst!

Von Pflanzenhängern über Möglichkeiten, durch Licht eine schöne Stimmung zu schaffen, bis hin zu kleinen Dekorationsideen und verschiedensten Tipps – hier im Buch wirst du fündig! Genug um den heißen Brei geredet, lass uns zusammen loslegen. Ich wünsche dir ganz viel Spaß beim Kreativsein!

Alles Liebe, Felix

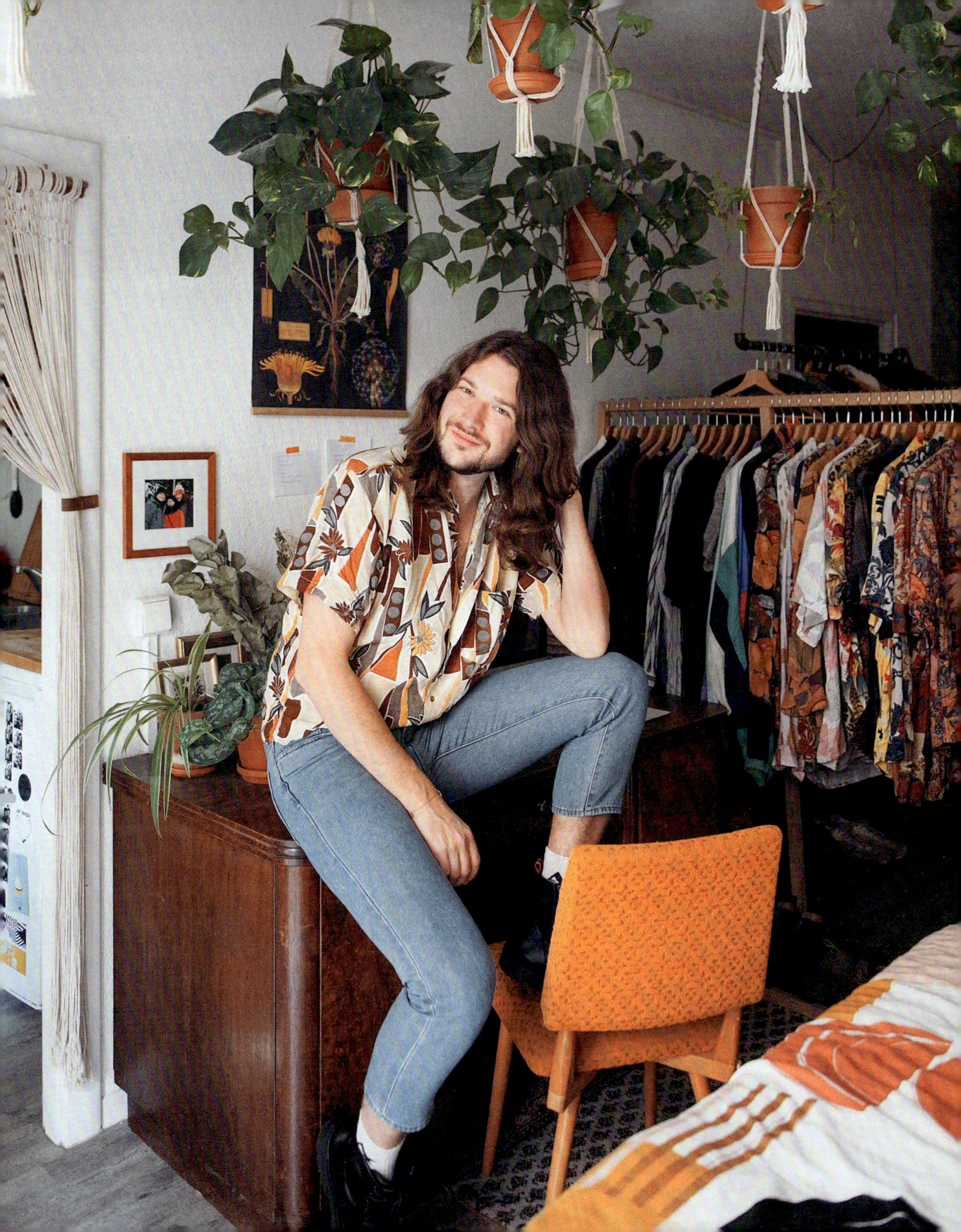

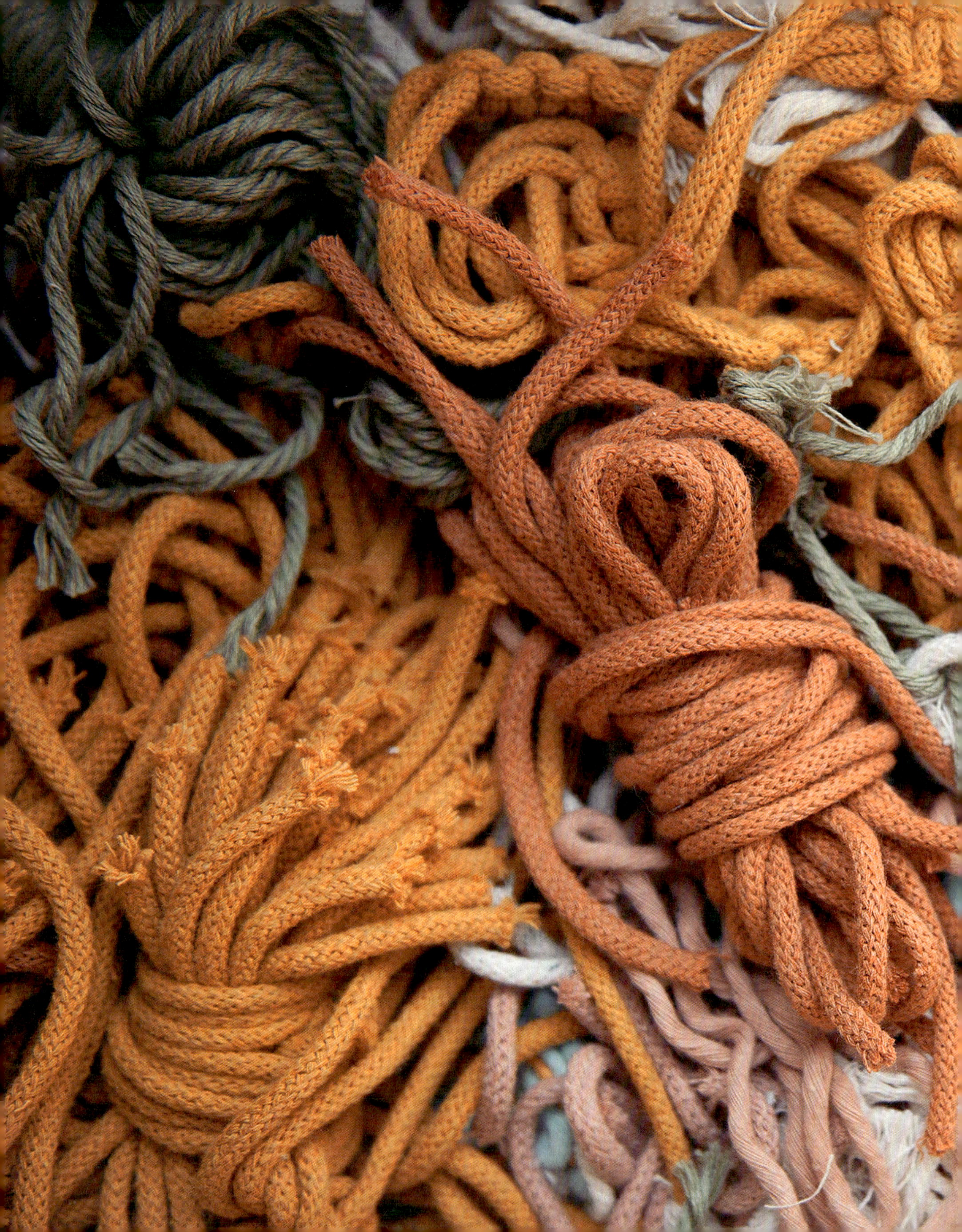

MAKRAMEE

Verstrickt & zugenäht

Die aus dem Orient kommende Knüpftechnik erlebt in den letzten Jahren eine Renaissance und ist wieder absolut im Trend. Ich persönlich finde es nicht nur extrem meditativ, sondern bin immer wieder aufs Neue begeistert, wie man mit ein paar Grundkenntnissen absolut tolle Deko zaubern kann. In meinem ersten Kapitel erkläre ich dir die Grundlagen und zeige ein paar ausgewählte Projekte. Vielleicht bist du am Ende genauso im Makramee-Fieber wie ich!

GRUNDKURS MAKRAMEE

Um die Projekte einfacher nachvollziehen und umsetzen zu können, gebe ich dir fix einen Crash-Kurs in den Makramee-Grundtechniken. Wenn du die Basis-Knoten und das Prinzip einmal verstanden hast, ist der Rest ein Kinderspiel!

Kreuzknoten

1. Los geht's mit dem Kreuzknoten. Um diesen Knoten zu knüpfen, startest du immer mit 4 Seilen. Du hast die Arbeitsseile (ganz links und ganz rechts) und die beiden in der Mitte, die sogenannten Trägerseile.

2. Nimm dein linkes Arbeitsseil (türkis), führe es über die beiden Trägerseile und unter das rechte Arbeitsseil (lachs). Auf der linken Seite entsteht dabei eine Schlaufe.

3. Jetzt nimmst du dein rechtes Arbeitsseil (lachs) und führst es unter den Trägerseilen entlang und von hinten nach vorne durch die Schlaufe 3a. Festziehen und ein halber Kreuzknoten ist geschafft 3b!

4. Das Prinzip bleibt nun dasselbe, mit dem Unterschied, dass du die Seiten wechselst. Das heißt, du startest dieses Mal mit dem rechten Arbeitsseil (türkis), führst es über die beiden Trägerseile und unter das linke Arbeitsseil (lachs). Nun entsteht deine Schlaufe auf der rechten Seite.

5. Dein linkes Arbeitsseil (lachs) führst du nun wieder unter den Trägerseilen durch und von hinten nach vorne durch die Schlaufe 5a. Festziehen und schon hast du einen Kreuzknoten 5b.

6. Wenn du diese Knotenart jetzt weiter abwechselnd wiederholst, bekommst du einen geraden Makramee-Strang. Mit den 6 Kreuzknoten in Bild 6 zeige ich dir nochmal das klassische Makramee-Knotenmuster.

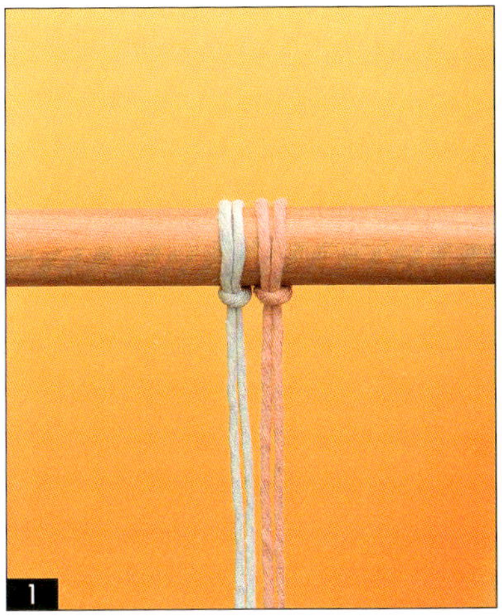
1

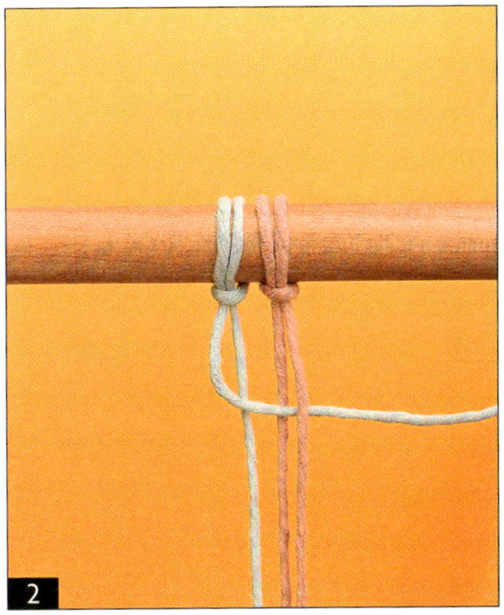
2

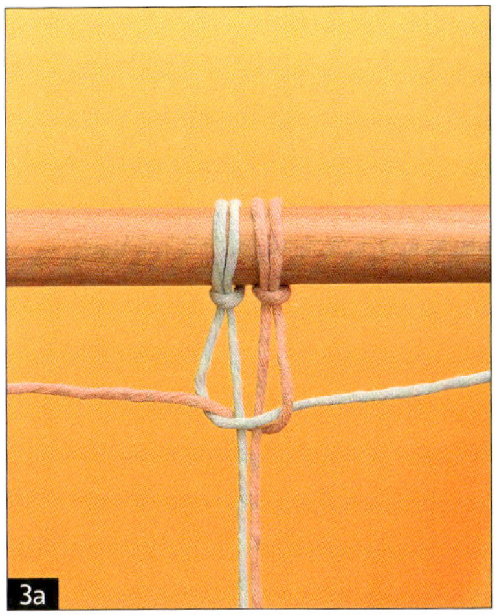
3a

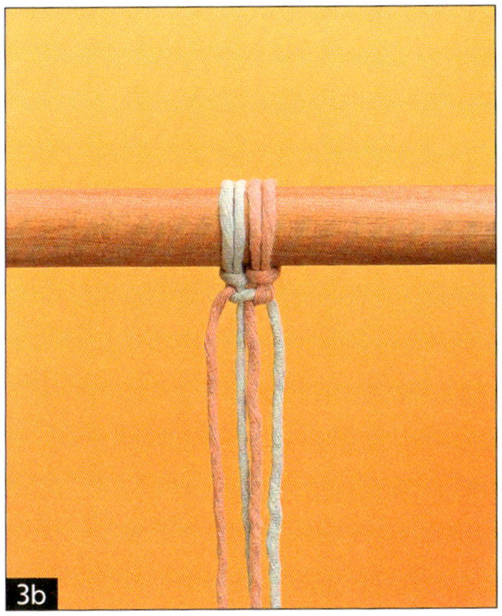
3b

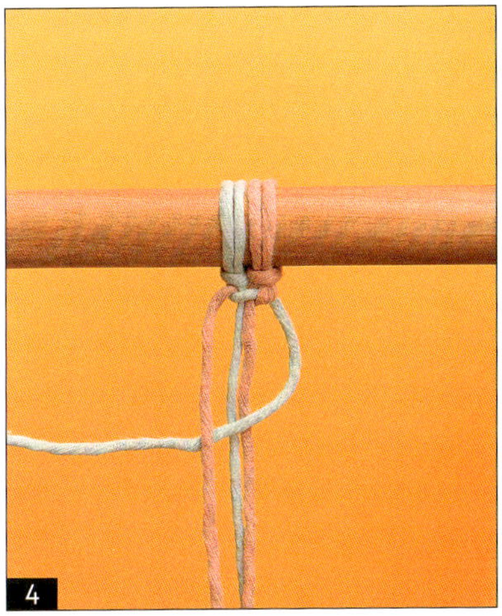
4

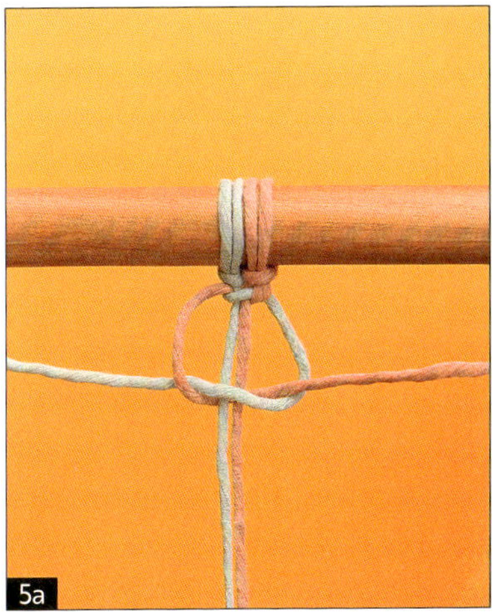
5a

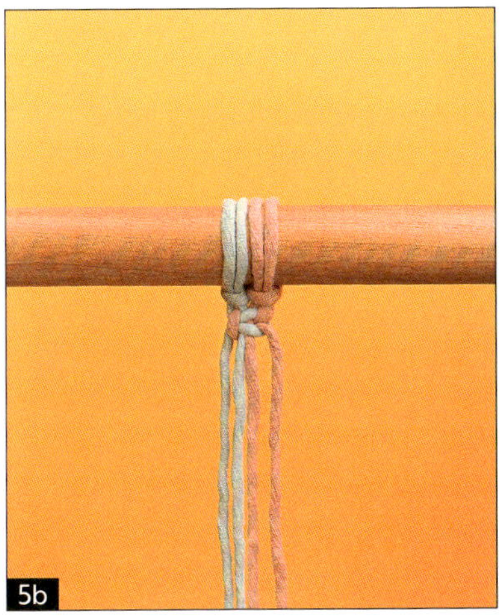
5b

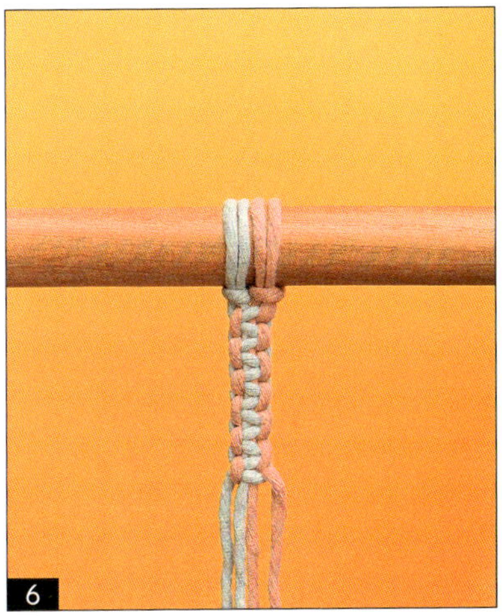
6

Wellenknoten

Wenn du den Kreuzknoten verstanden hast, wird der nächste ein Klacks für dich. Es geht hierbei um den Wellenknoten.

1. Auch dieser startet mit 4 Seilen.

2. Der erste Schritt ist genau der gleiche wie beim Kreuzknoten: Nimm dein linkes Arbeitsseil (türkis), führe es über die beiden Trägerseile und unter das rechte Arbeitsseil (lachs). Auf der linken Seite entsteht dabei deine Schlaufe.

3. Jetzt nimmst du wieder dein rechtes Arbeitsseil (lachs) und führst es unter den Trägerseilen entlang und von hinten nach vorne durch die Schlaufe 3a. Festziehen 3b!

4. Nun der Unterschied: Statt, dass du die Seiten wechselst, wiederholst du einfach genau diese Technik! Das bedeutet du nimmst wieder dein linkes Arbeitsseil (lachs) führst es über die beiden Trägerseile und unter das rechte Arbeitsseil (türkis).

5. Anschließend nimmst du dein rechtes Arbeitsseil (türkis) und führst es unter den Trägerseilen entlang und von hinten nach vorne durch die Schlaufe 5a. Festziehen et voilà – ein Wellenknoten 5b!

6. Warum der Wellenknoten seinen Namen hat, wirst du sehen, wenn du ihn weiter knüpfst. In Bild 6 kannst du es gut erkennen!

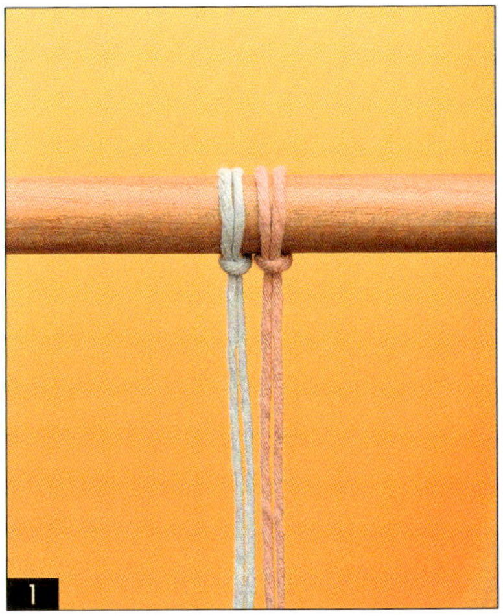
1
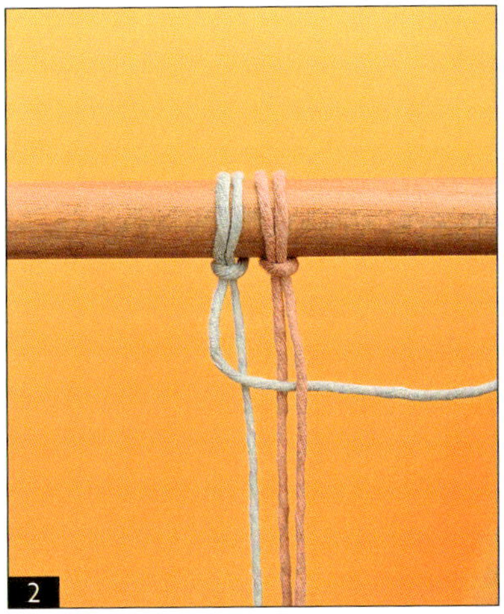
2
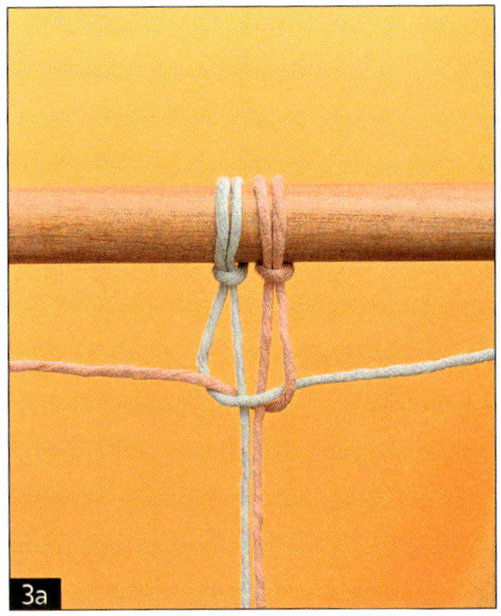
3a
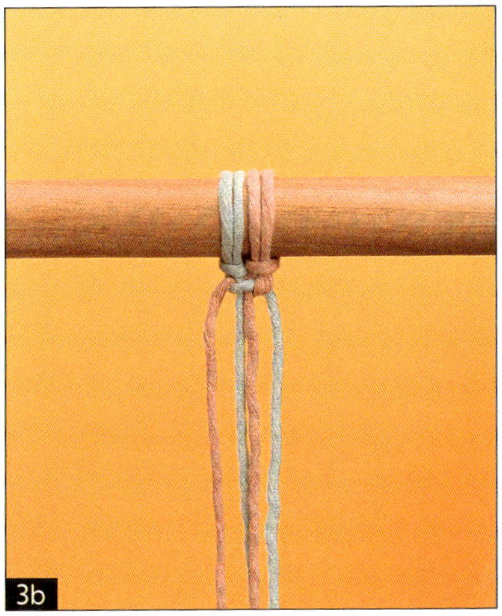
3b
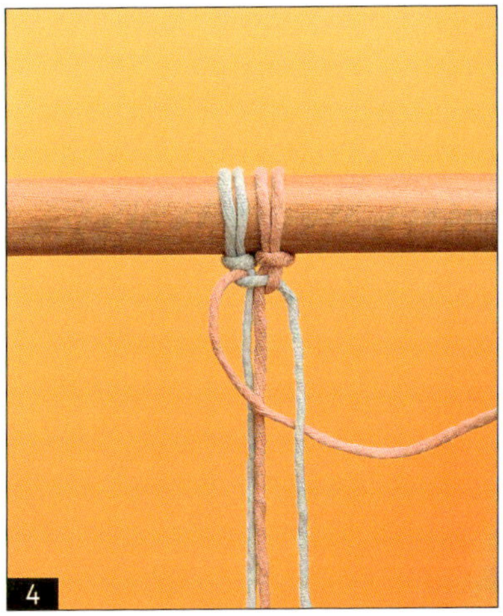
4
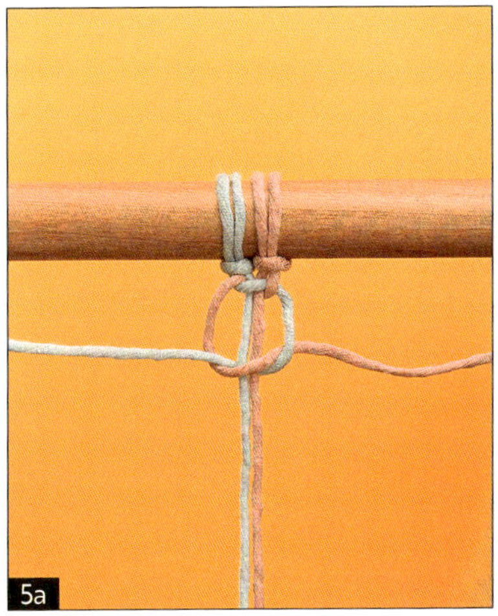
5a
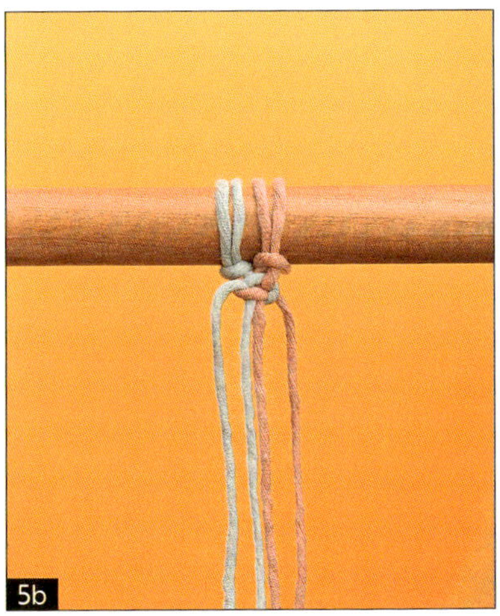
5b
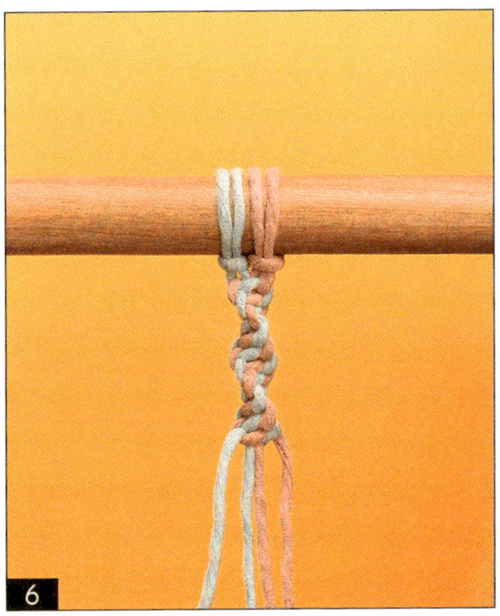
6

Wickelknoten

Jetzt erkläre ich dir noch einen letzten Knoten: den sogenannten Wickelknoten. Eine super Technik, um Makramee-Arbeiten zu beginnen oder abzuschließen! Er ist im Grunde nicht mehr und nicht weniger als das Umwickeln von allen Fäden mit einer zusätzlichen Schnur. Und so geht's:

1. Der Knoten wird um die zu verbindenden Schnüre gewickelt. Wie viele du dabei zusammenführst, bleibt dir überlassen. In meinem Bespiel zeige ich's dir mit 8 Stück (türkis).

2. Lege zunächst eine Schlaufe (lachs) auf die Schnüre. Diese sollte ein wenig länger sein als der fertige Knoten, der am Ende entstehen soll.

3. Beginne nun das Ende deines Wickelfadens (lachs) um die Schnüre und die Schlaufe zu wickeln 3a. Dabei darfst du ruhig ein wenig Kraft aufwenden 3b 3c 3d.

4. Wie oft du deinen Faden wickelst, entscheidest du. Je mehr du wickelst, desto länger wird der Knoten. Ich habe mich im Beispiel für 5 Runden entschieden, benutze zur Veranschaulichung aber auch ein dickeres Garn.

5. Wenn du mit der Länge zufrieden bist, führst du das Ende deines Seils (lachs) durch die Schlaufe.

6. So weit so gut! Ziehe nun an dem herausschauenden Ende deines Fadens (lachs) 6a, bis die Schlaufe unter dem Knoten verschwindet 6b! Hier ist ein bisschen Kraft gefragt.

7. Ziehe nun noch ein wenig weiter, bis alles schön fest ist und das untere Ende des gewickelten Seils auch unter dem Knoten verschwindet.

8. Schnipp-schnapp, schneide die Enden ab und schon hast du's geschafft!

Diesen Knoten kannst du dir direkt merken, denn mit ihm legen wir in unserem ersten gemeinsamen DIY los. Viel Spaß beim Knüpfen.

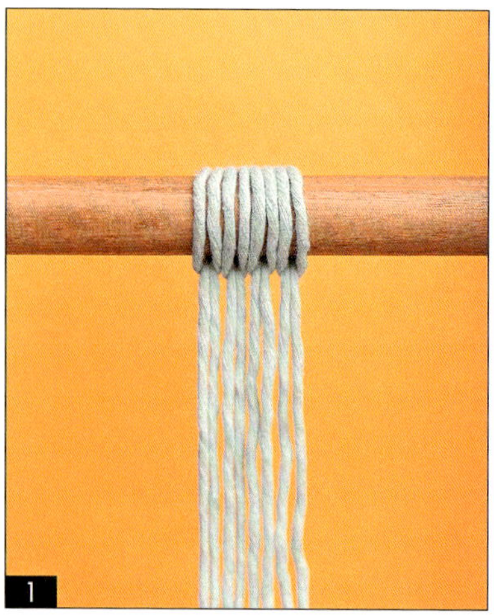
1

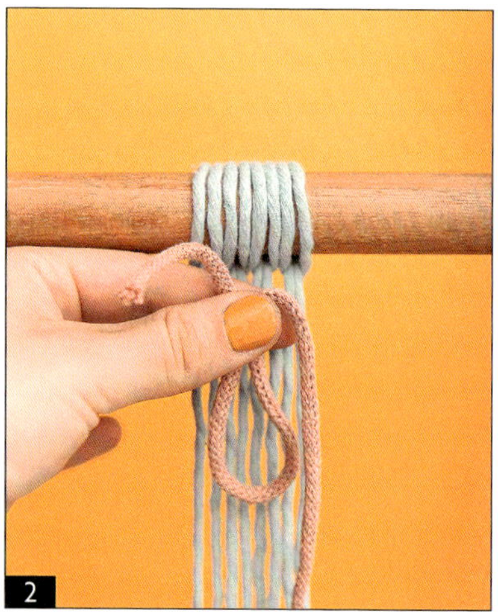
2

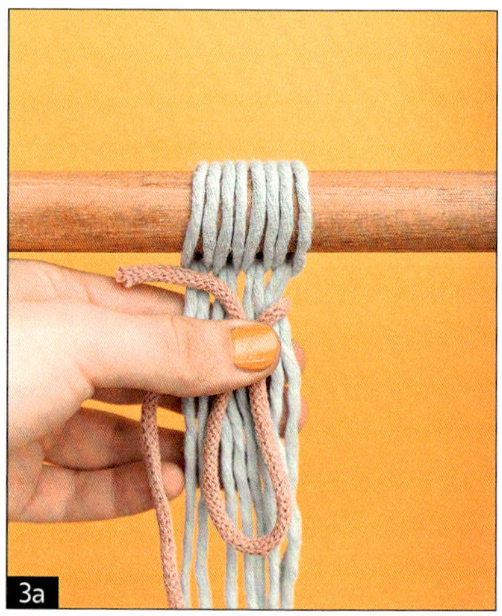
3a

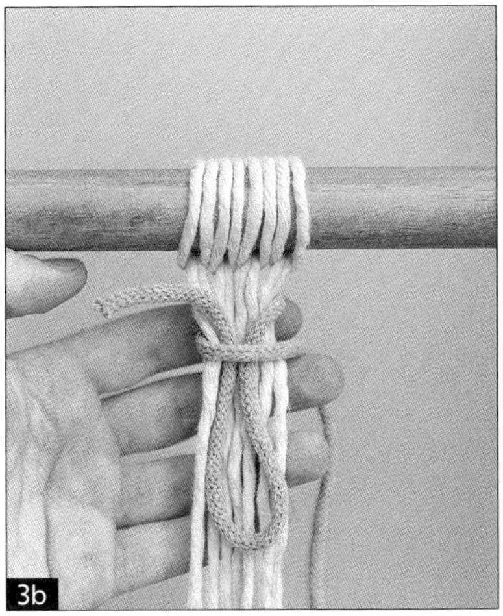
3b

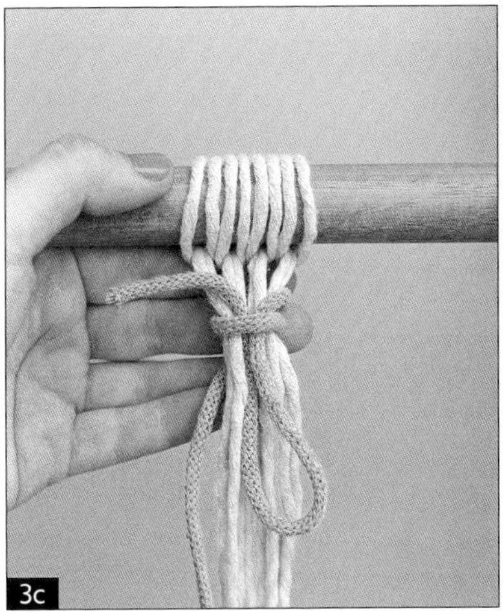
3c

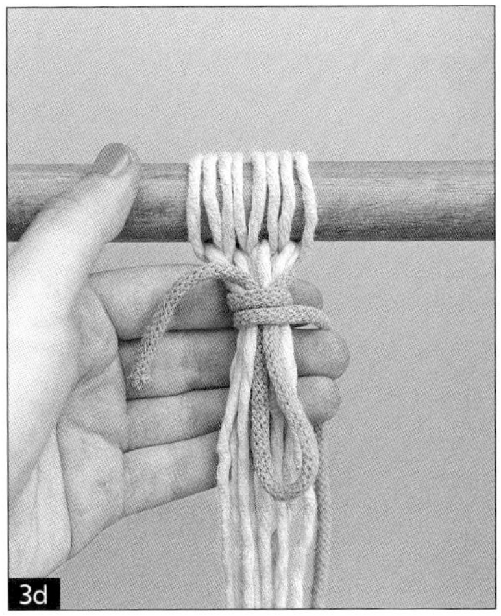
3d

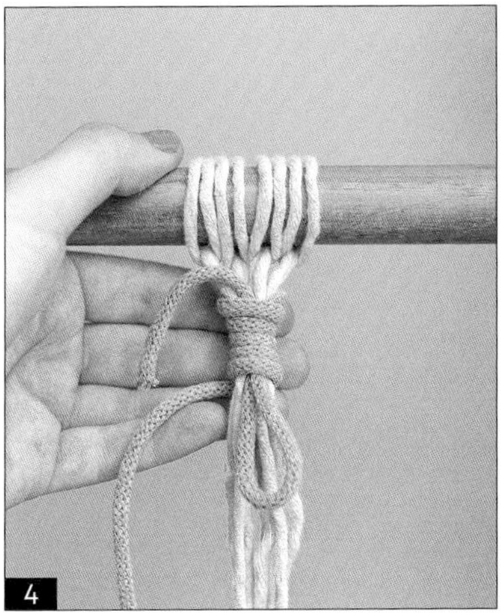
4

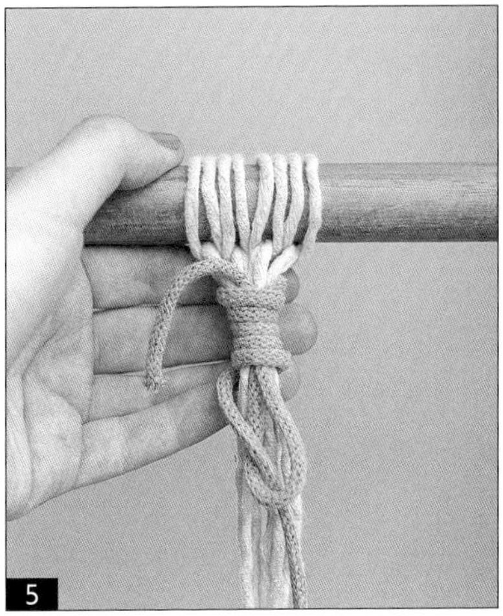
5

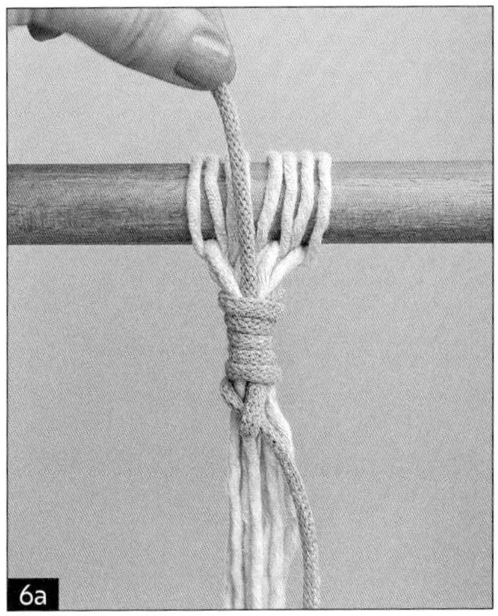
6a

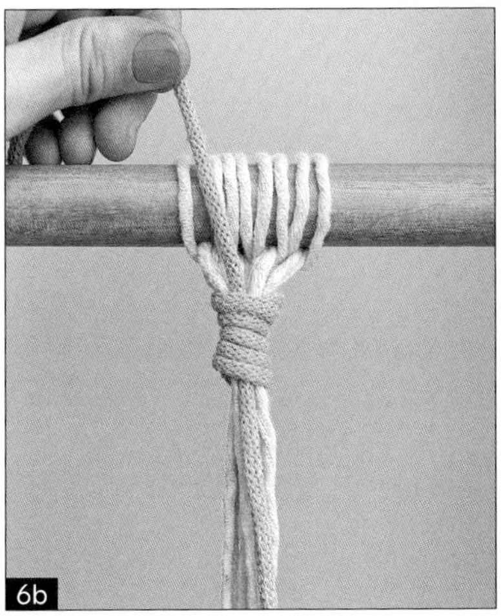
6b

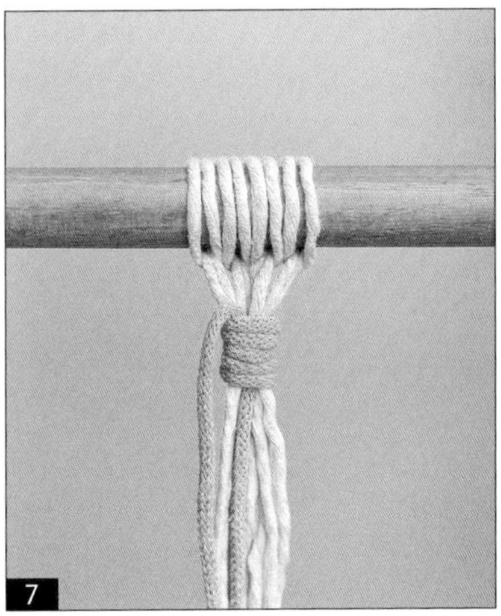
7

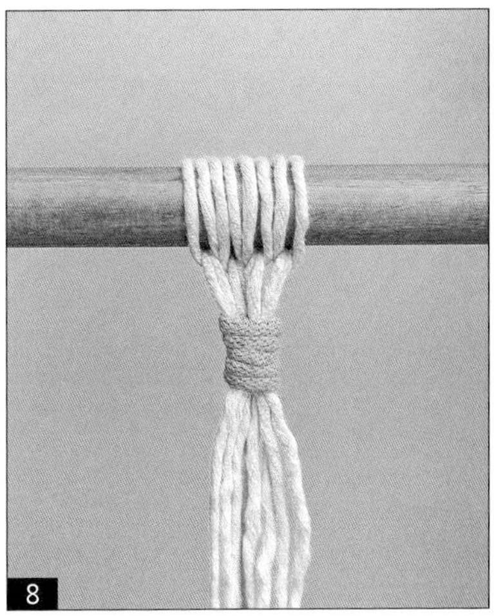
8

MATERIALIEN

- Messingring
- Makramee-Garn (4 mm stark)
- Maßband
- Schere

Pflanzenhänger

Als erstes Projekt zeige ich dir einen absoluten Klassiker. Ich kann gar nicht zählen, wie oft ich dieses DIY schon gebastelt habe. Es ist nicht nur eine tolle Deko für meine eigene Wohnung und den Balkon, sondern auch ein wunderbares handgemachtes Geschenk: der Pflanzenhänger!

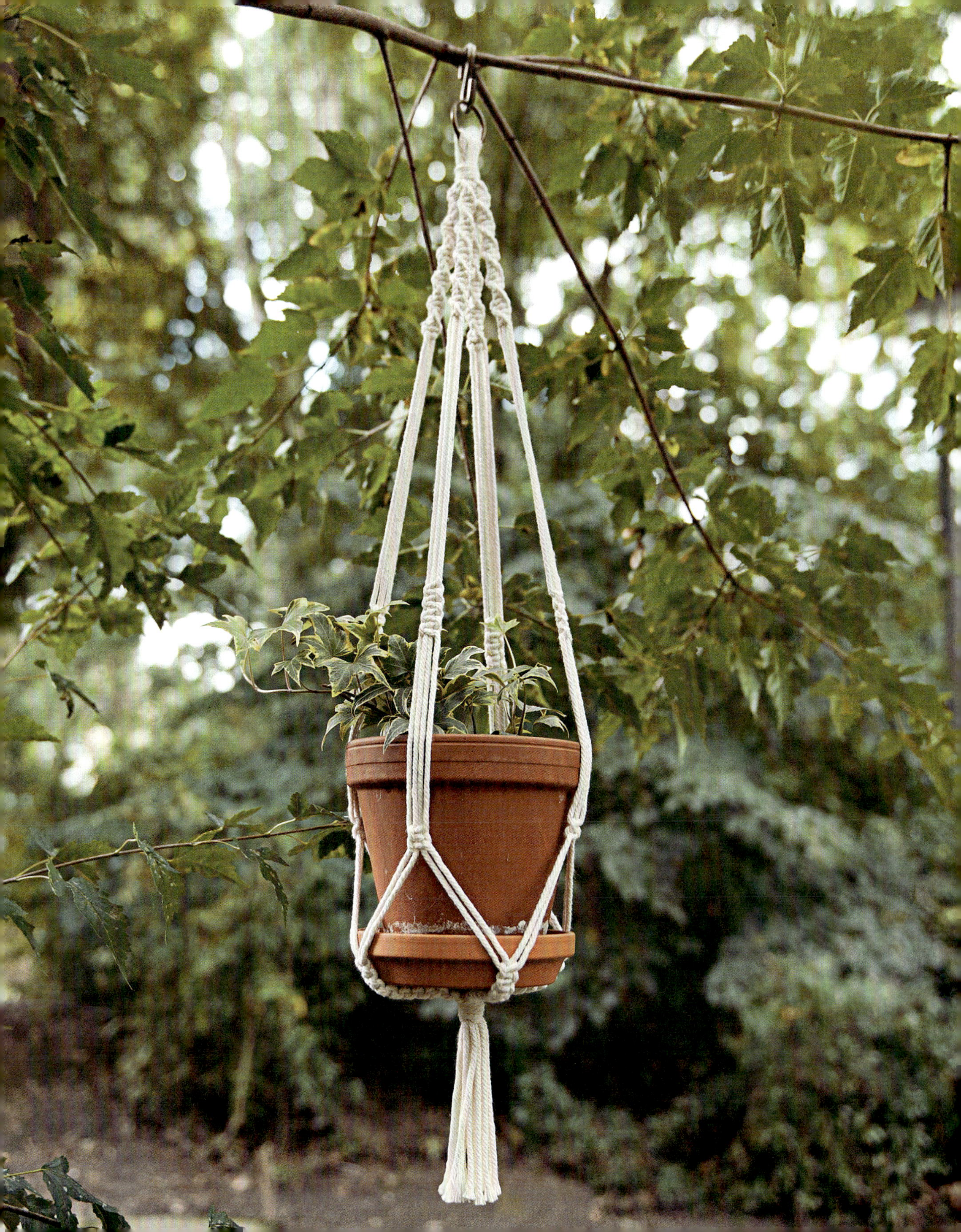

1. Um deinen Pflanzenhänger zu beginnen, brauchst du zunächst 8 Stücke Garn, mit je 3 Meter Länge. Diese führst du nun zur Hälfte durch deinen Aufhängungsring.

2. Nun ist es Zeit, dein Wissen aus dem Makramee-Grundkurs anzuwenden, denn los geht's mit einem Wickelknoten. Dafür nimmst du dir ein neues Seil (ca. 40 cm) und führst so alle 16 Stränge zusammen.

3. Nachdem du 4- bis 5-mal gewickelt hast, beende deinen Knoten und schneide das überschüssige Garn ab. Schon kann es weitergehen.

4. Teile zunächst 4 Seile vom Rest ab. 4 Seile ergeben einen Strang.

5. Nun kannst du deinen Wellenknoten ausprobieren und üben. Diesen wiederholst du 28-mal. Wenn sich dein Strang langsam zu drehen beginnt, bist du auf dem richtigen Weg.

6. Das Ganze wiederholst du jetzt noch 3-mal mit den anderen Strängen, sodass am Ende vier geknüpfte Wellenstränge entstehen.

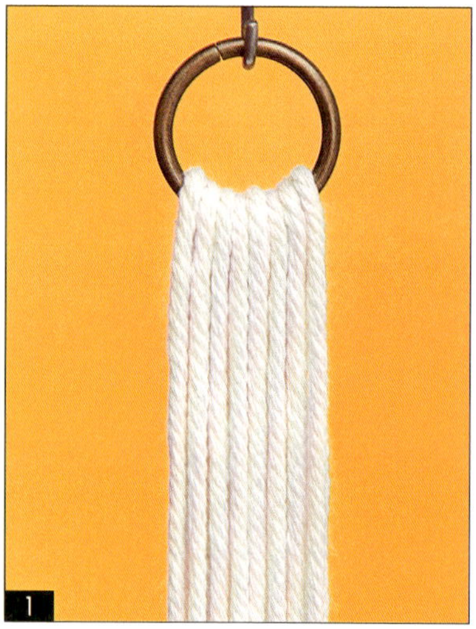
1

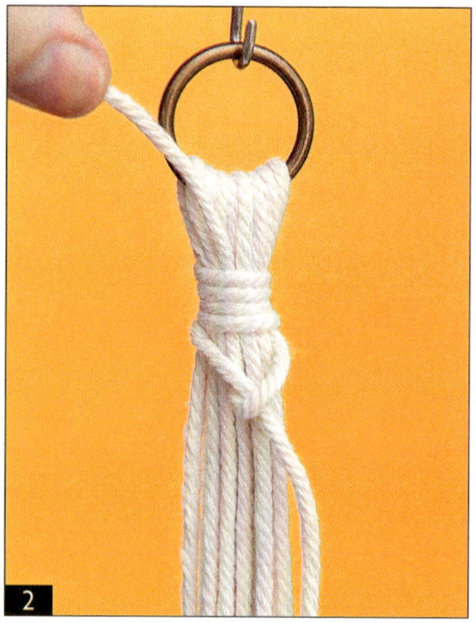
2

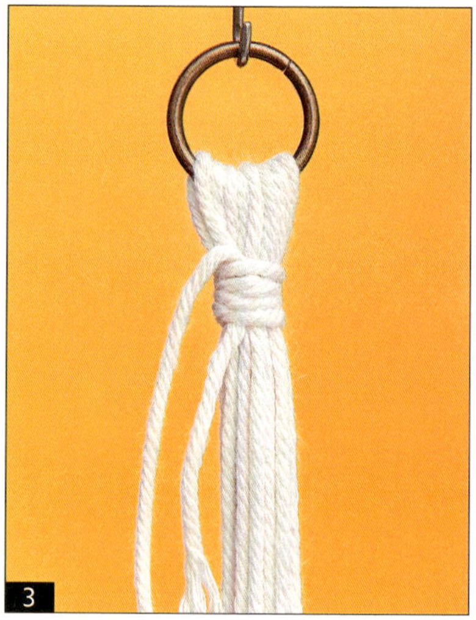
3

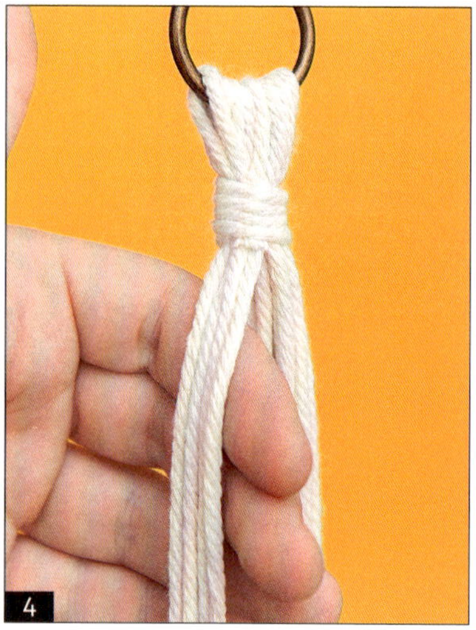
4

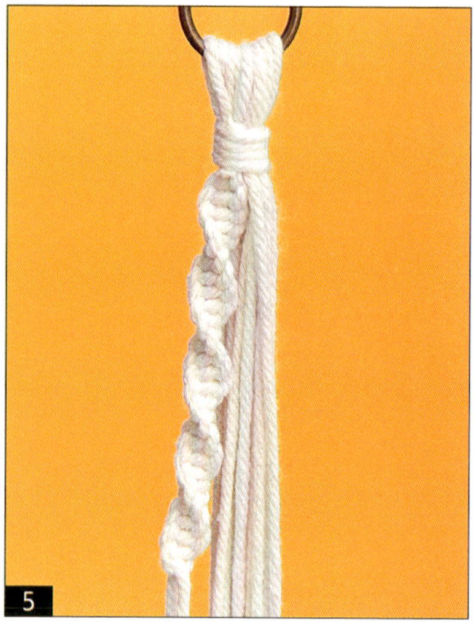
5

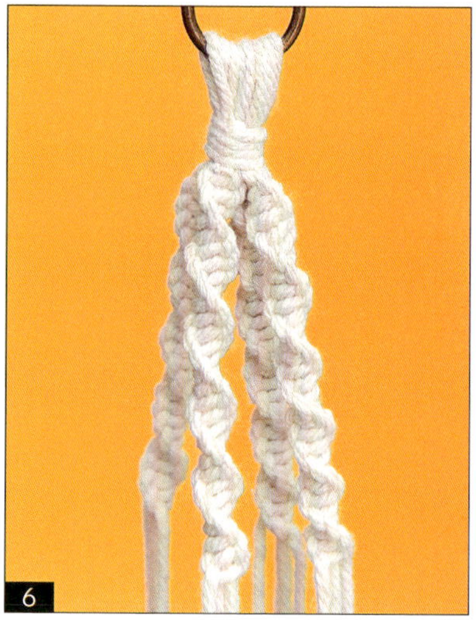
6

7. Nun lässt du eine Lücke von ca. 17 cm.

8. Pro Strang machst du nun Kreuzknoten 8a und fertigst jeweils 4 davon an 8b 8c.

9. Wieder lässt du eine Lücke von 10 cm und knüpfst noch 1½ Kreuzknoten pro Strang.

10. Jetzt musst du deine Stränge miteinander verbinden. Dazu lässt du wieder ein wenig Abstand nach unten (8 cm) und nimmst dir aus 2 Strängen, die nebeneinander sind, jeweils 2 Fäden und führst diese zu einem neuen 4er-Strang zusammen.

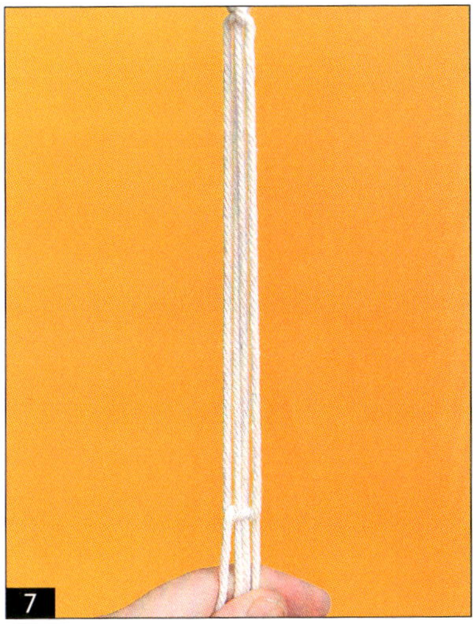

7

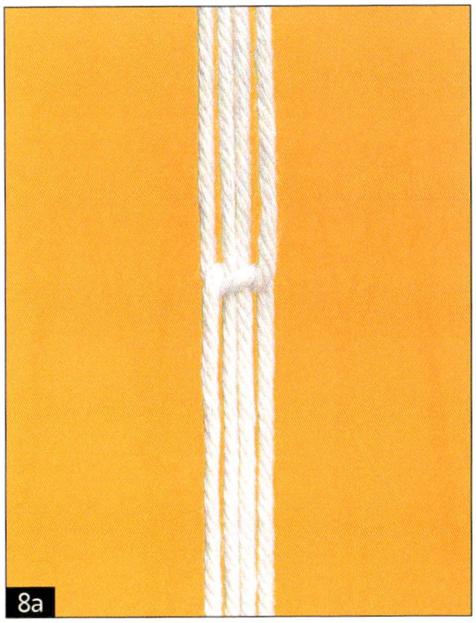

8a

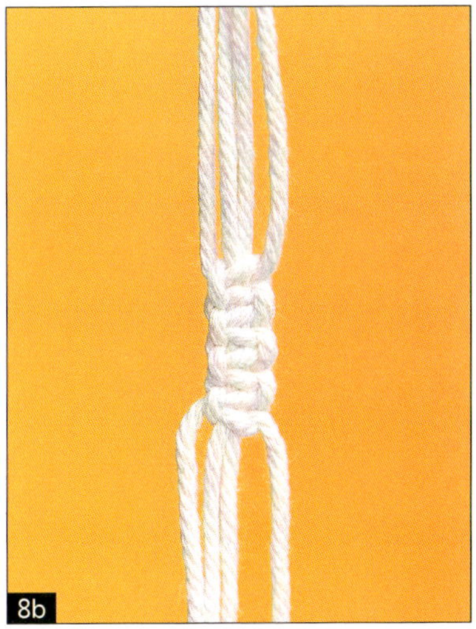

8b

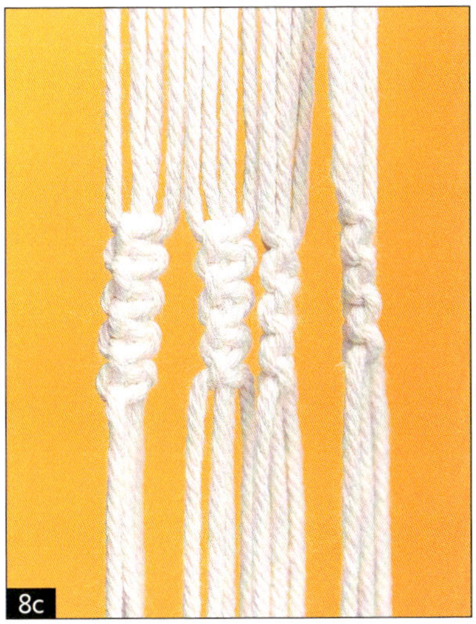

8c

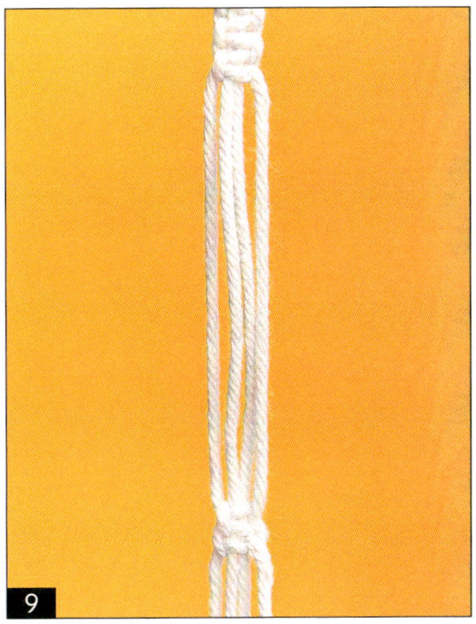

9

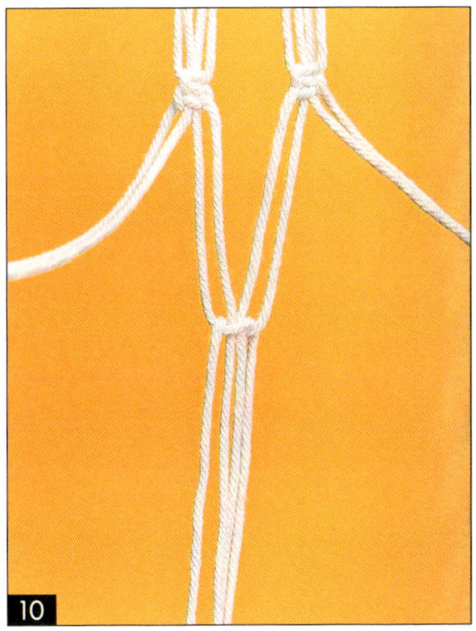

10

11. Auch hier knüpfst du wieder Kreuzknoten – 10 Stück an der Zahl 11a. Bringe alle benachbarten Stränge so zusammen. Hast du 3 Kreuzknotenstränge, bleiben links und recht noch jeweils 2 Seile übrig 11b. Verbinde auch sie mit dieser Technik und schließe so den Kreis.

12. Und damit ist es fast geschafft! Mit einem Wickelknoten beendest du deinen Pflanzenhänger. Gehe dabei wie zu Beginn 4- bis 5-mal um alle losen Enden und zieh die Sache schön fest.

13. Schneide die Enden des Wickelknotens ab und kürze alle übrigen Enden der Stränge auf eine Länge (hier 10 cm). Fertig ist dein erstes DIY – mega!

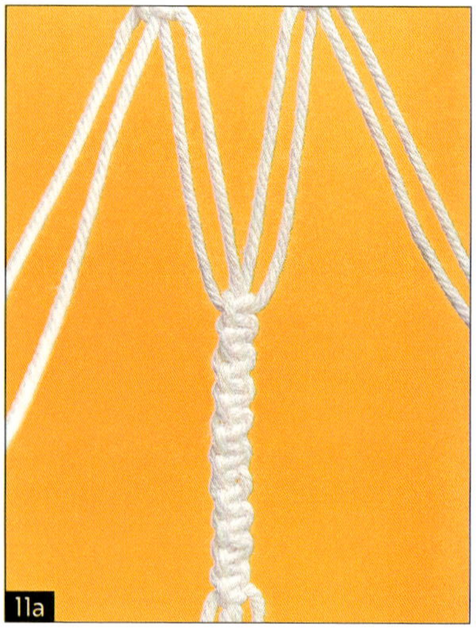
11a

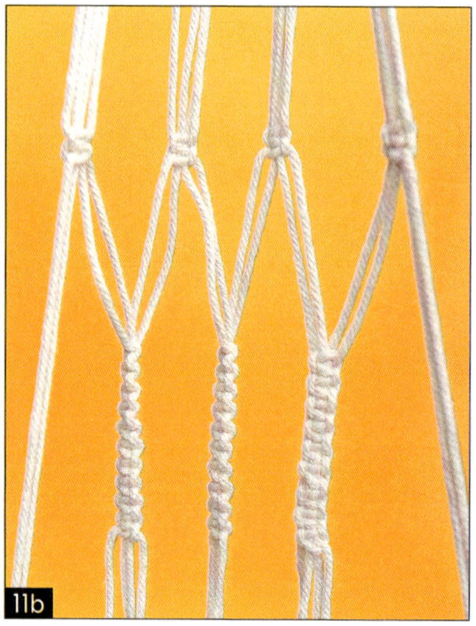
11b

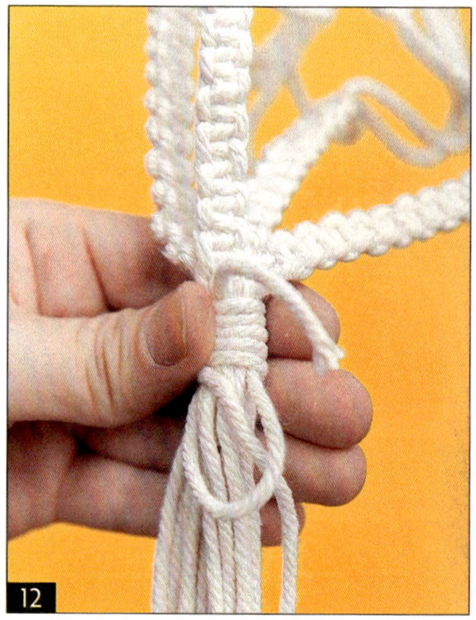
12

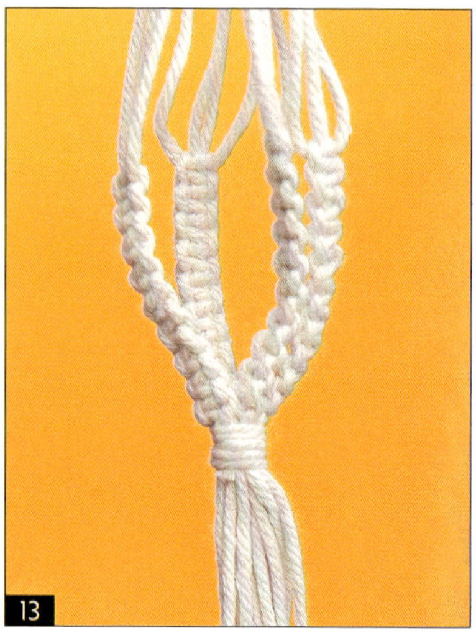
13

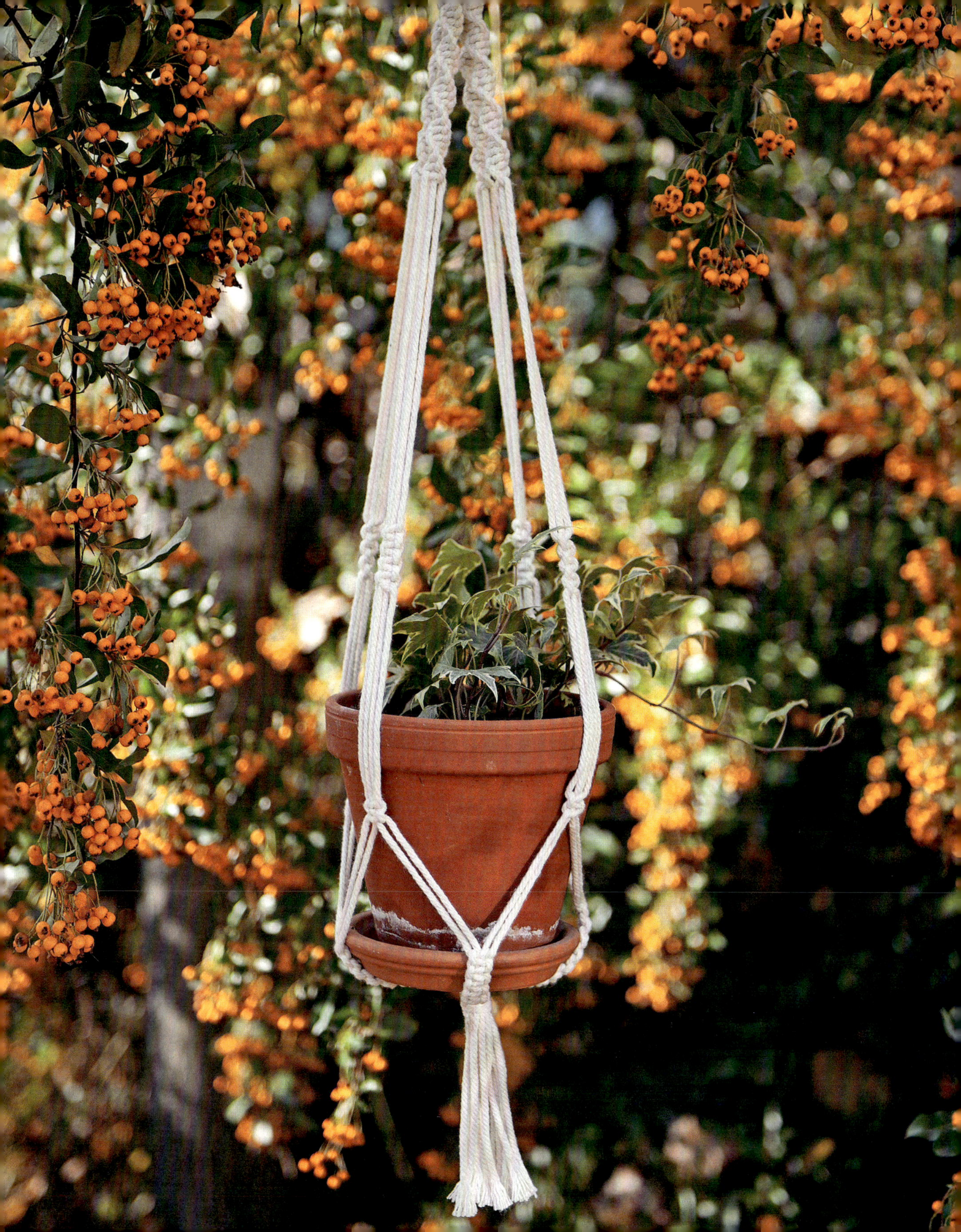

MATERIALIEN

- Stock oder Ast
- Makramee-Garn (4 mm stark)
- Maßband
- Schere

Raumteiler

Wände dekorieren macht Spaß und ist natürlich das Erste, woran man in Sachen Deko denkt. Unterschätzte Dekorationsräume sind die Zwischenräume, wie zum Beispiel der Übergang von deiner Wohnung zum Außenbereich. Auch diesen kannst du schön gestalten. Unser Balkon ist eine Oase und um die Illusion zu wecken, in deine eigene Welt einzutauchen, habe ich hier ein DIY für dich: einen Raumteiler. So schaffst du den perfekten Übergang zwischen Wohnungs- und Erholungsbereich!

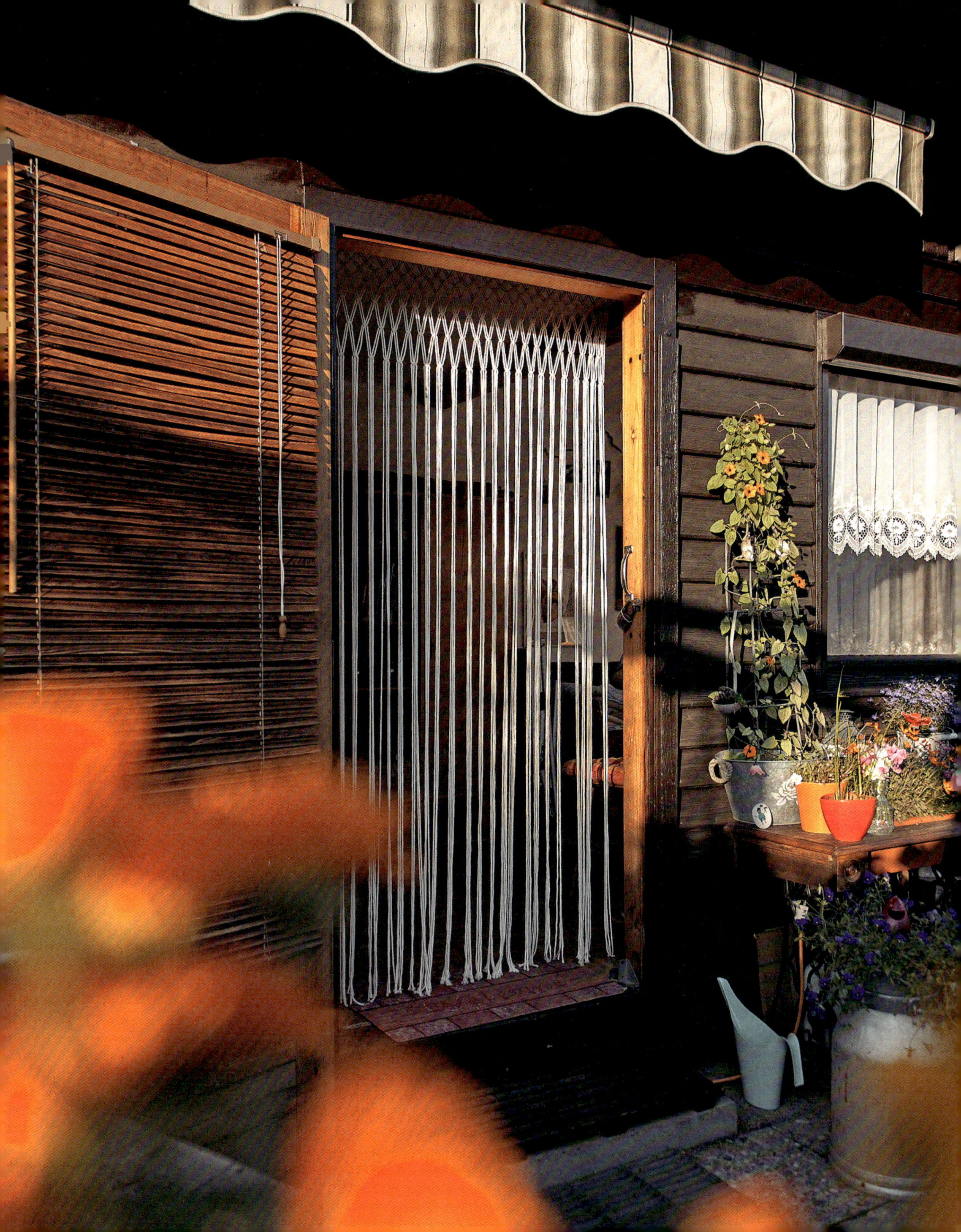

1. Um mit deinem Raumteiler loszulegen, brauchst du eine ganze Menge Makramee-Garn, nämlich 52 Seile von je 5 Meter Länge. Diese faltest du in der Mitte und befestigst sie mit einer Schlaufe an deinem Stock.

2. Nun verbindest du die nebeneinanderliegenden 4 Seile von links nach rechts mithilfe eines Kreuzknotens 2a 2b 2c 2d.

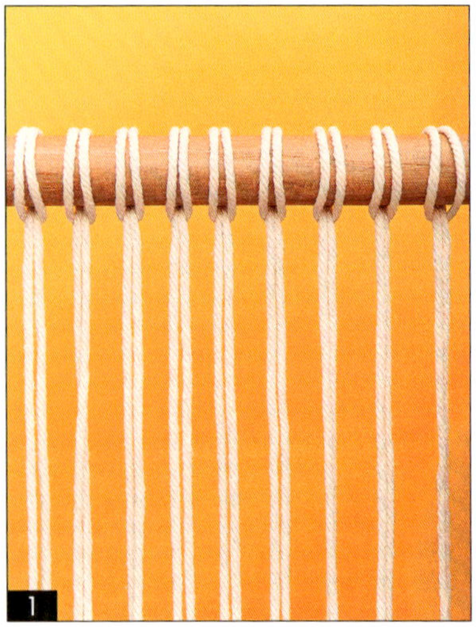

1

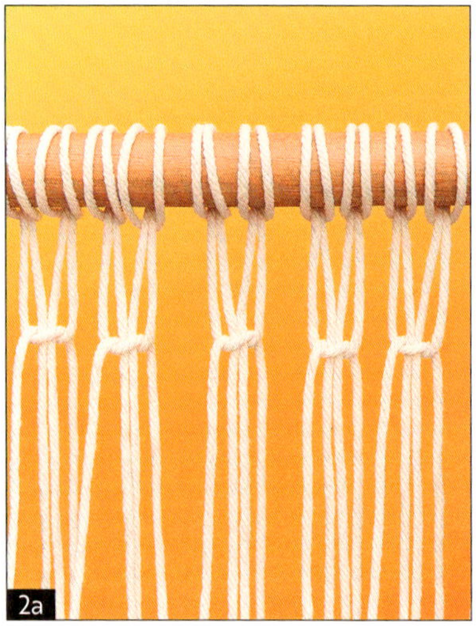

2a

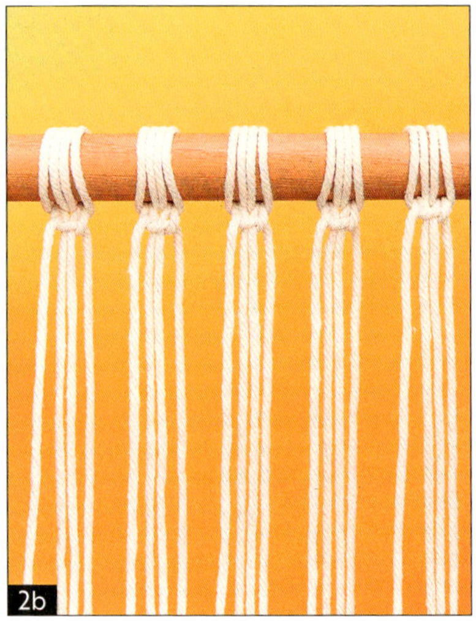

2b

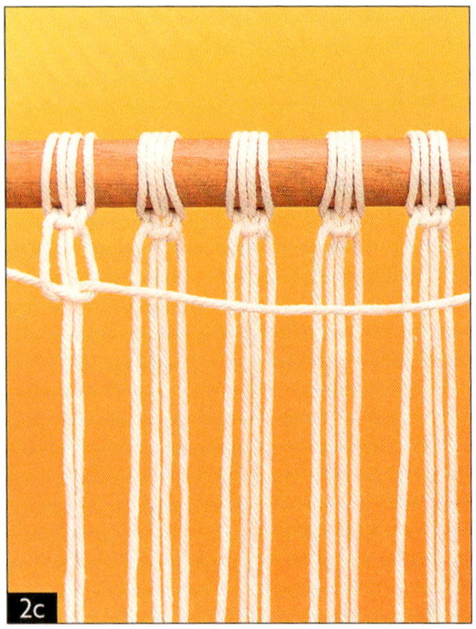

2c

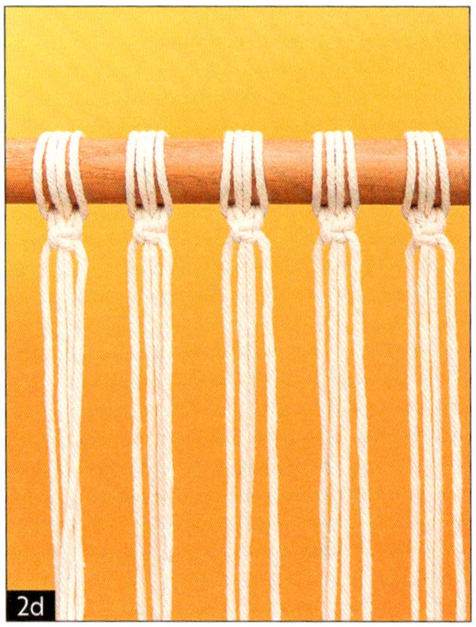

2d

3. An der linken Seite lässt du nun 2 Fäden frei 3a und verknotest die nächsten beiden Seile mit den ersten beiden des darauffolgenden Knotens. Auch hier setzt du wieder einen Kreuzknoten 3b 3c.

4. Nach diesem Muster arbeitest du dich durch die komplette Reihe bis zum Ende 4a 4b.

5. In der darauffolgenden Reihe nimmst du die ersten beiden Fäden wieder dazu und beginnst erneut zu knoten. Wie im Bild 5 gezeigt, können die Abstände dabei nach Belieben variieren. Wenn du zufrieden bist und dir die Höhe des Musters gefällt, kannst du aufhören, den Überschuss mit einer Schere abschneiden und hast es damit auch schon geschafft!

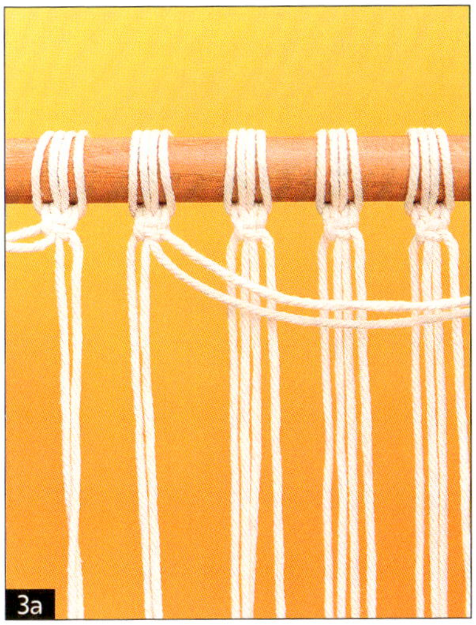
3a

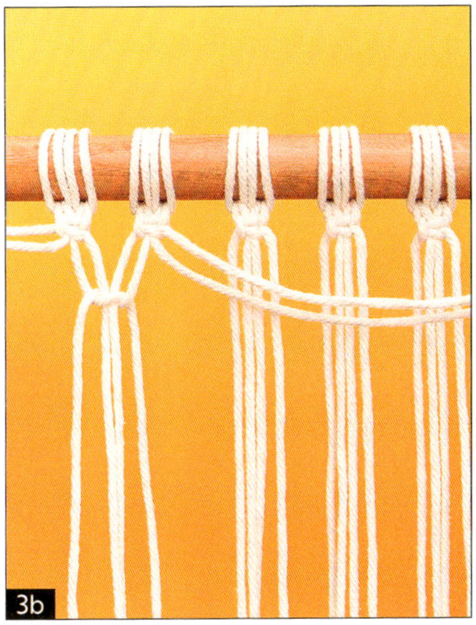
3b

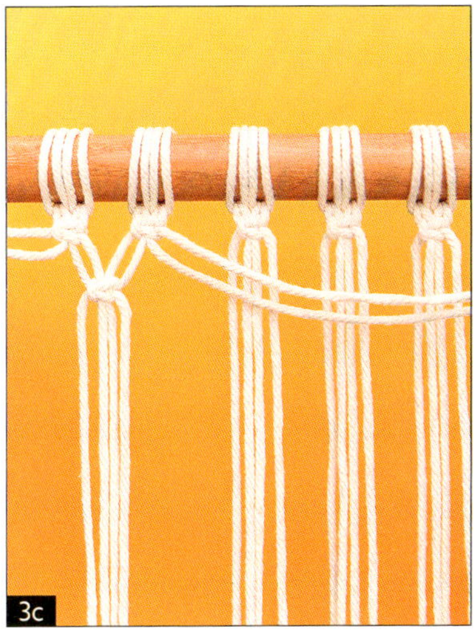
3c

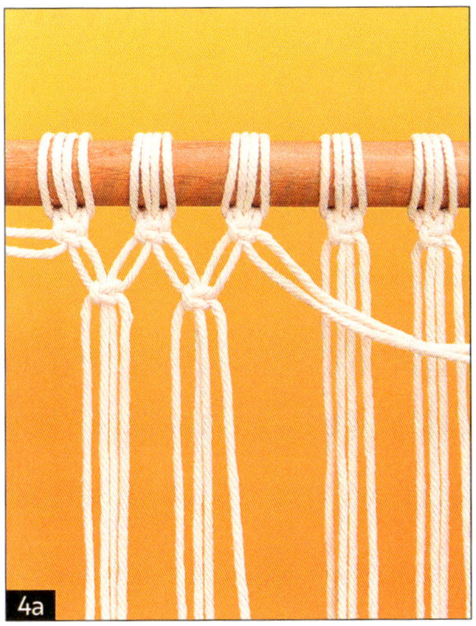
4a

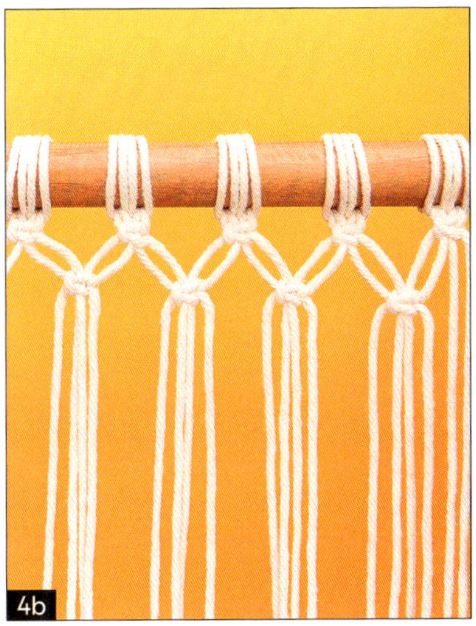
4b

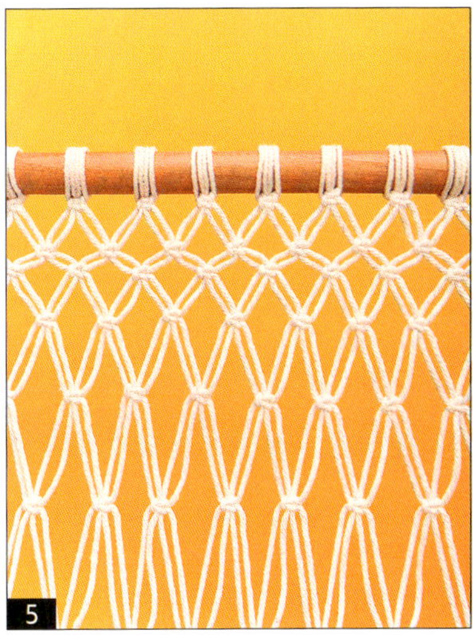
5

MATERIALIEN

- Glasgefäß
- Makramee-Garn (4 mm stark)
- Maßband
- Schere
- Kamm

Teelicht-Deko

Meine liebsten DIYs sind Upcycling DIYs. Oft musst du gar nicht erst teure Materialien kaufen, um etwas Schönes zu schaffen. Viele Dinge kannst du auch in deinem Haushalt finden. Hier zeige ich dir anhand eines ganz einfachen Projekts, wie du mit simplen Marmeladengläsern, Makramee-Garn und Kreuzknoten einen gemütlichen Akzent setzen kannst.

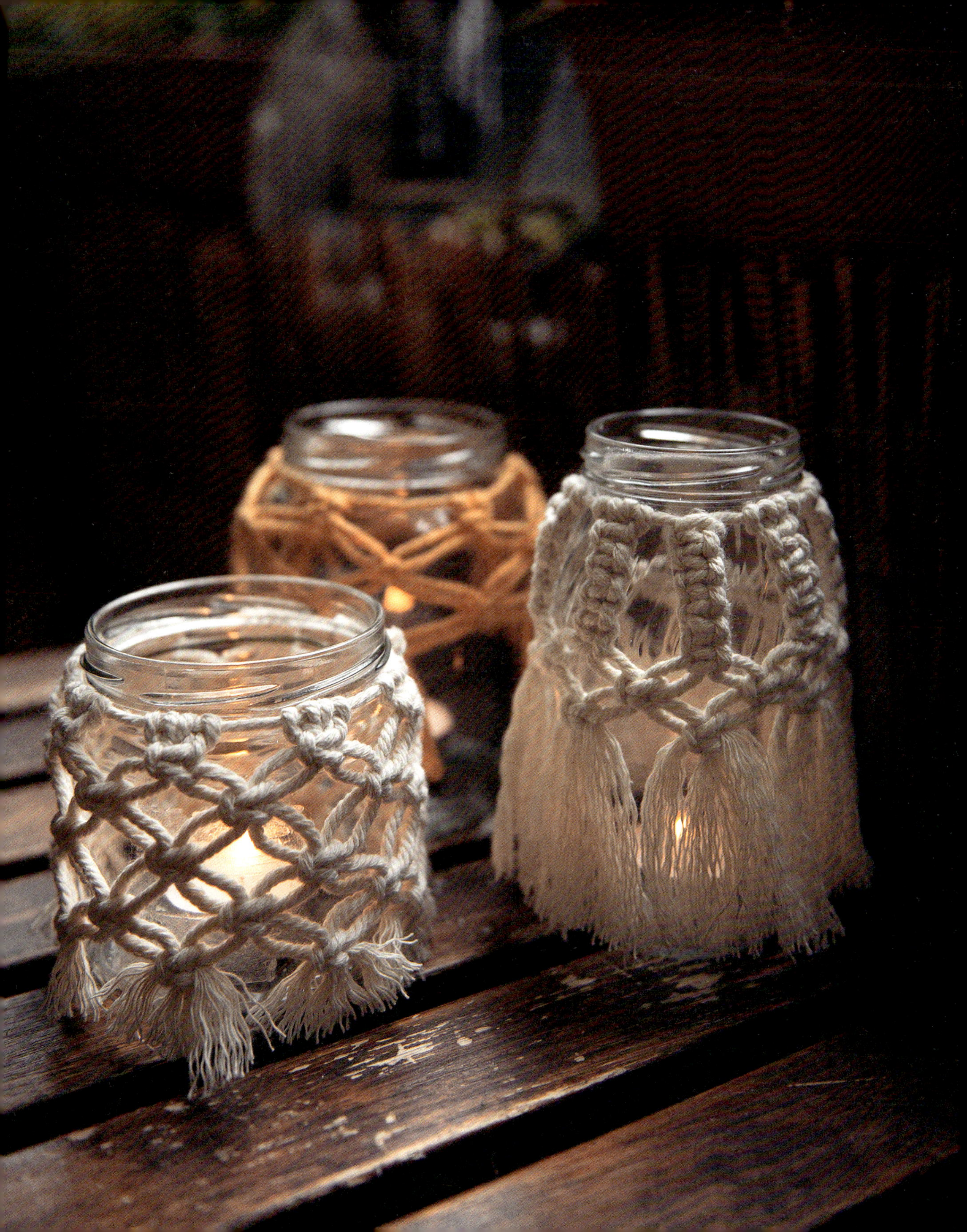

1. Die Länge der Fäden hängt natürlich vom umgarnten Gefäß ab und kann also bei diesem Projekt unterschiedlich sein. Mein Glas ist ca. 13 cm hoch und hat einen Durchmesser von ca. 7 cm. Bei einem ähnlichen Glas startest du mit 2 Fäden: 80 cm und 90 cm. Den Kürzeren legst du um den Hals des Glases, dann führst du am Ende die Fäden zusammen. Dies werden deine Trägerseile für den Kreuzknoten. Das längere Seil legst du nun von hinten um die beiden in der Mitte und startest wie im Grundkurs gelernt, mit dem Kreuzknoten 1a. Zieh das Ganze schön fest 1b.

2. Ein Kreuzknoten reicht an dieser Stelle zunächst. Dieser Strang wird noch mal wichtig, also nenne ich ihn hier einfach mal Hauptstrang!

3. Nun schneidest du dir 14 weitere Stücke Garn zurecht, die eine jeweilige Länge von 70 cm haben sollten. Diese „faltest" du in der Mitte, sodass eine Schlaufe entsteht. Führe diese Schlaufen von hinten durch das Garn, welches du um den Glashals gewickelt hast. Durch diese Schlaufe ziehst du die Enden.

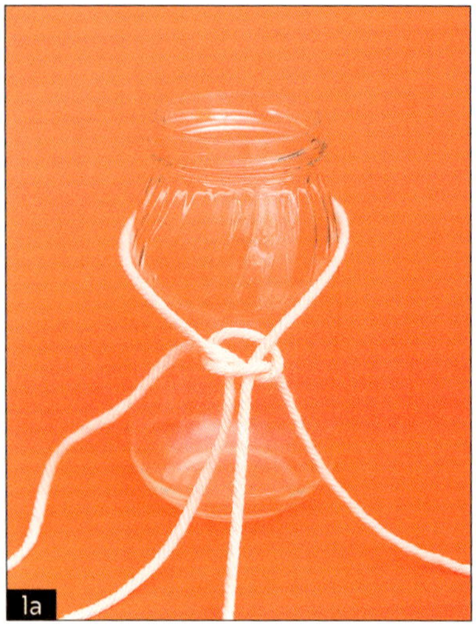
1a

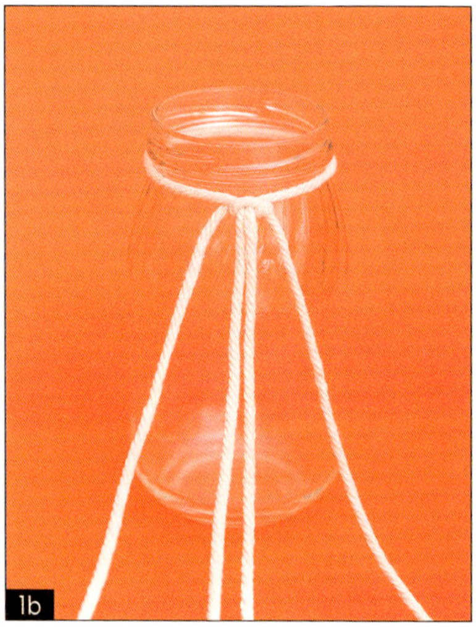
1b

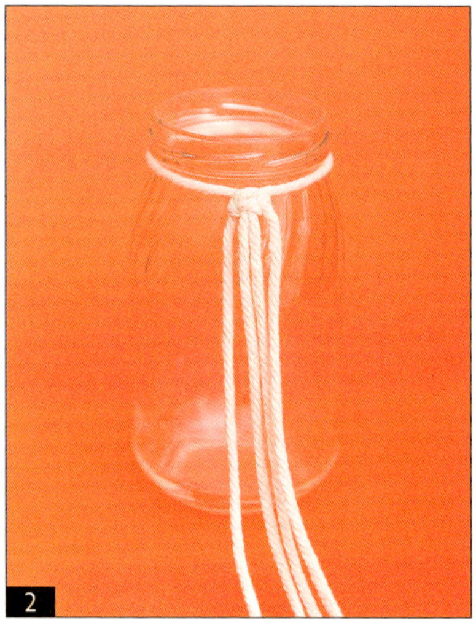
2

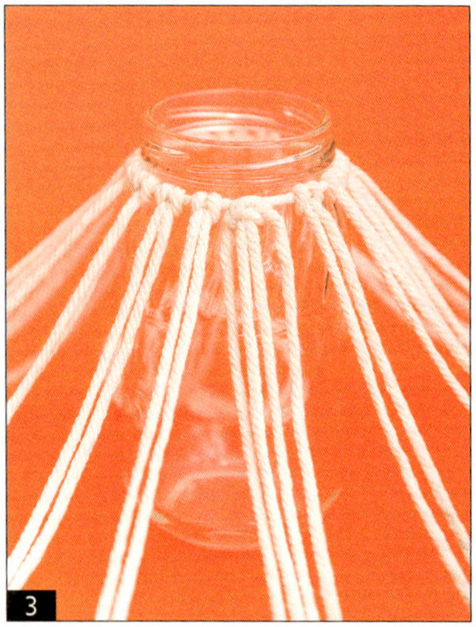
3

4. Verbinde jetzt jeweils 4 nebeneinanderliegende Seile mit deinem Kreuzknoten.

5. Nach einer Reihe rundherum knotest du nun weiter. Pro Strang sollen 4 Kreuzknoten entstehen. Jetzt wird der Hauptstrang wichtig, denn dort musst du 5 Knoten machen!

6. Hast du diesen Teil geschafft, verbindest du wieder Stränge untereinander. Sprich, du nimmst wieder 2 Seile vom linken und 2 vom rechten Strang und knüpfst einen Kreuzknoten.

7. Zum Schluss verbindest du nach demselben Prinzip noch einmal die Nachbarstränge untereinander.

8. Jetzt kannst du den „Überschuss“ mit deiner Schere auf eine Länge stutzen, auskämmen und fertig!

Wenn du dieses Prinzip des Kreuzknotens verstanden hast, kannst du dir bei diesen Teelichtern auch komplett andere Muster einfallen lassen! Ein paar Beispiele siehst du auf dem Bild am Anfang dieses Tutorials!

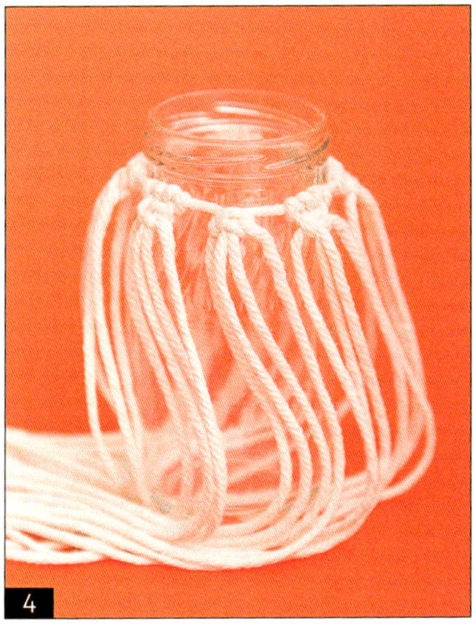
4

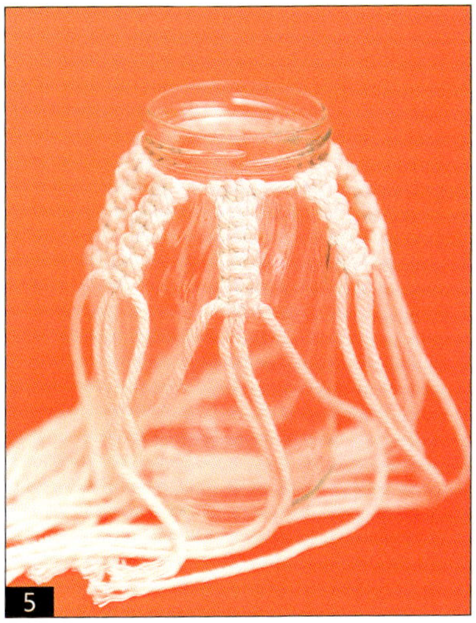
5

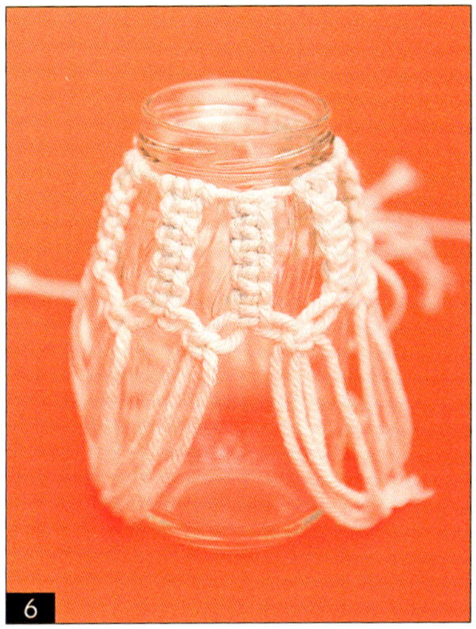
6

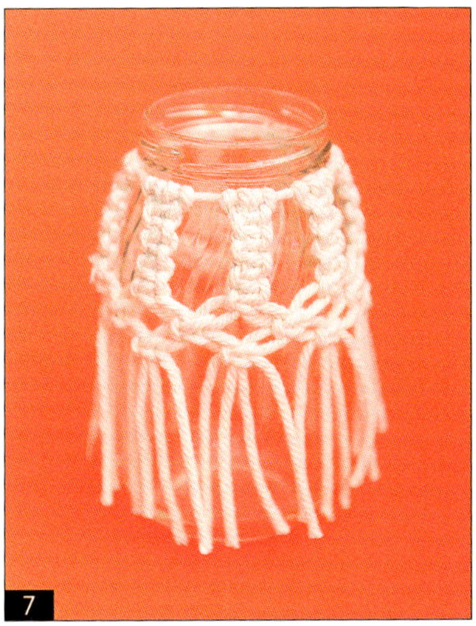
7

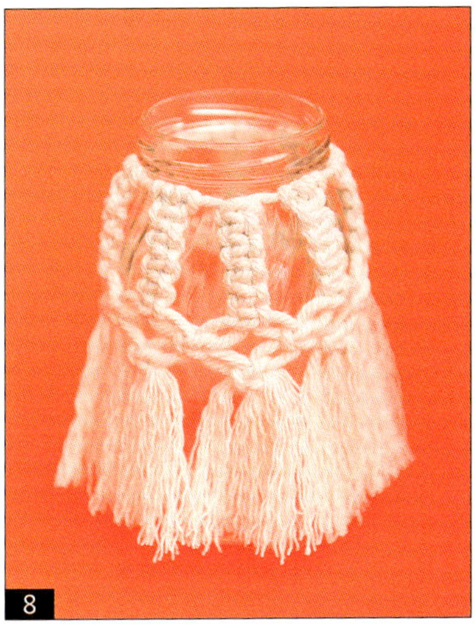
8

MATERIALIEN

- Makramee-Garn (4 mm)
- Maßband
- Schere
- Kamm

Wimpelkette

Egal, ob Kindergeburtstag oder Hochzeit: Wimpelketten sind immer ein Hingucker. Warum also nicht auf deinem Balkon? Mit diesem Projekt machst du aus jedem noch so grauen Ort ein gemütliches Fleckchen zum Entspannen und Abschalten!

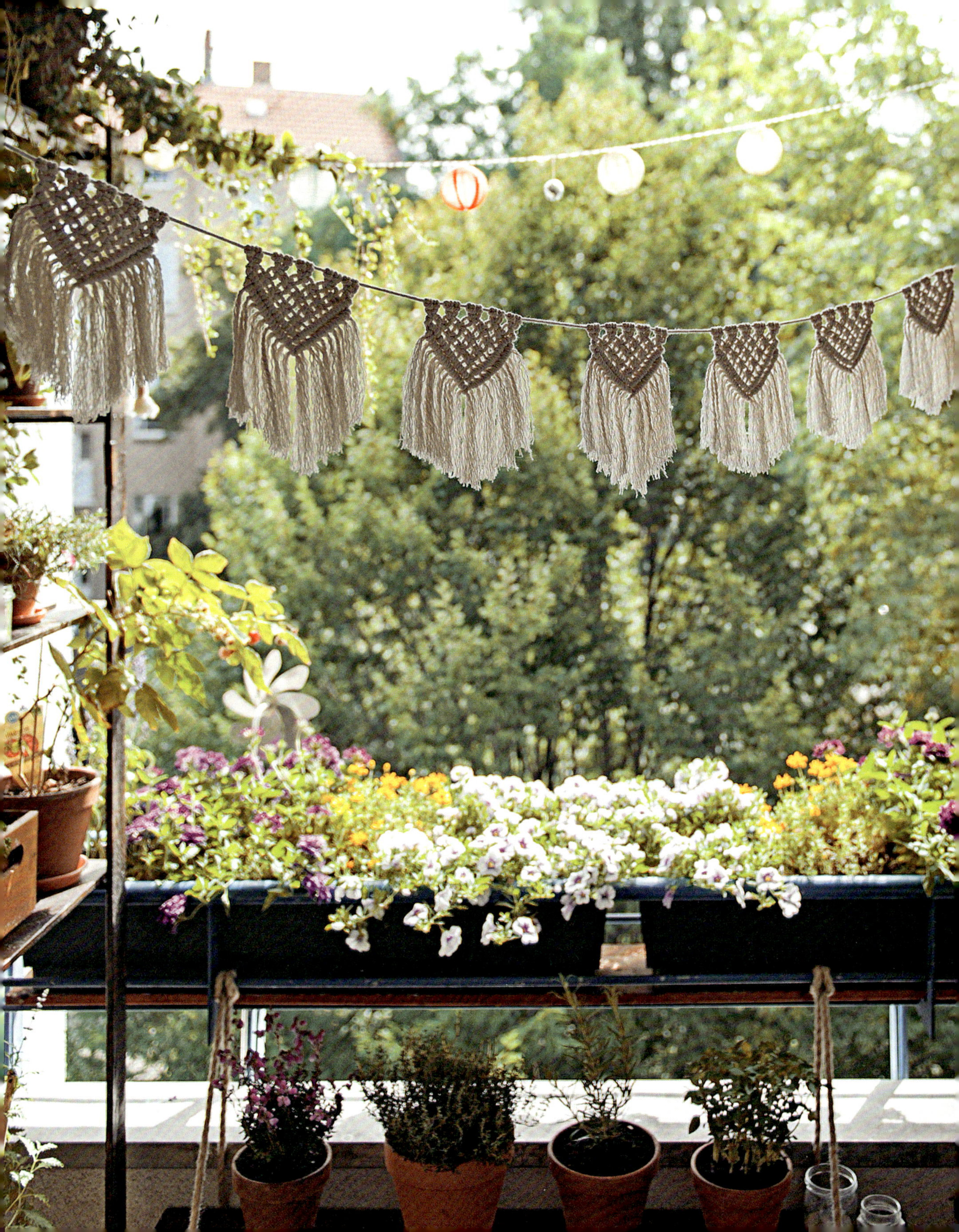

Und los geht's! Als Erstes überlegst du dir, wie lang deine Wimpelkette werden soll. Diese Länge schneidest du zurecht.

Tipp: Lass lieber immer ein bisschen mehr Luft nach links und rechts, denn kürzen kannst du sie am Ende immer noch!

1. Pro Wimpel benötigst du 10 Fäden, die eine Länge von 80 cm haben sollten. Diese 10 Fäden befestigst du mit einer Schlaufe 1a an deiner Kette 1b.

2. Mit einem Kreuzknoten verbindest du jeweils 4 Fäden 2a, sodass am Ende in der ersten Reihe 5 Knoten entstehen 2b.

3. Nun packst du auf der linken Seite 2 Fäden zur Seite, diese brauchst du nicht, und verbindest die nächsten beiden Seile wieder mit den ersten beiden des nächsten Knotens. Auch hier wird immer die Kreuzknotentechnik benutzt. Wenn alles stimmt, sollten die letzten beiden Seile auf der rechten Seite übrigbleiben und 4 neue Knoten entstehen.

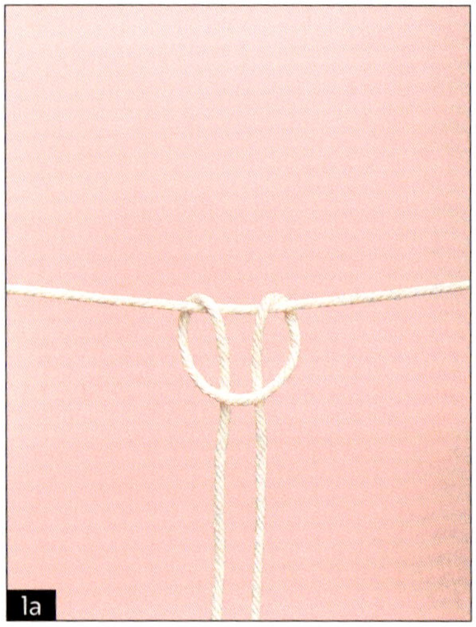
1a

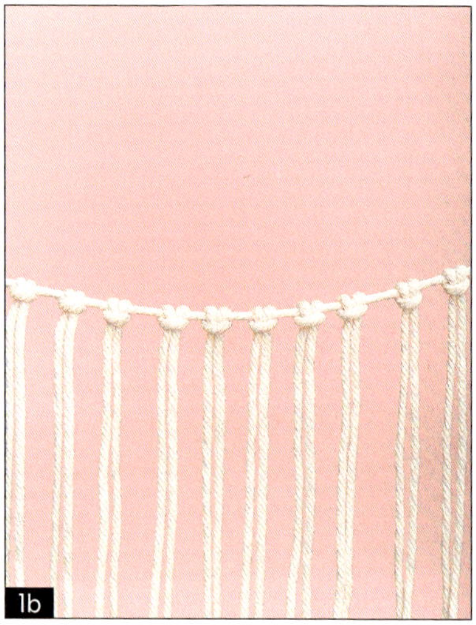
1b

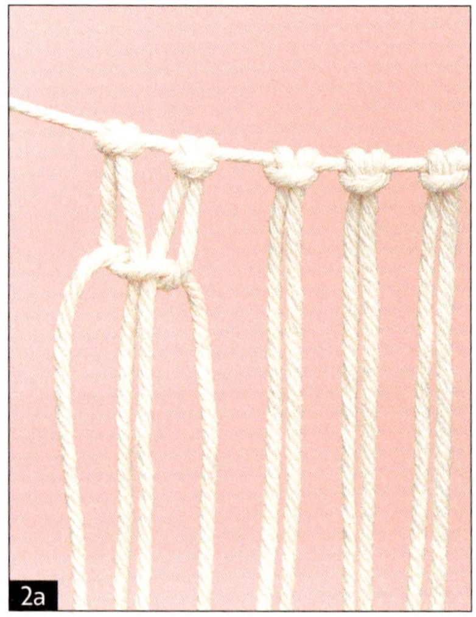
2a

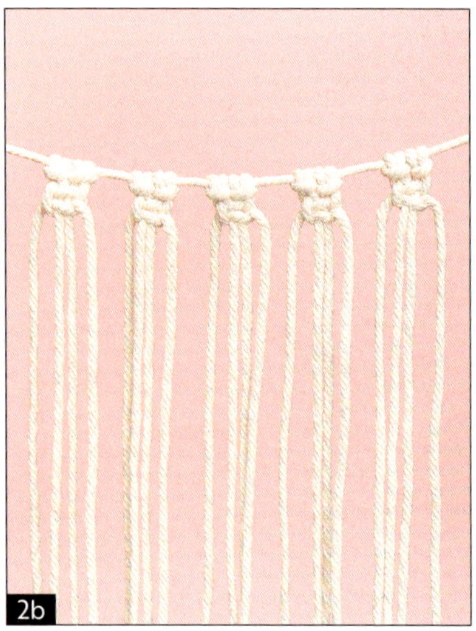
2b

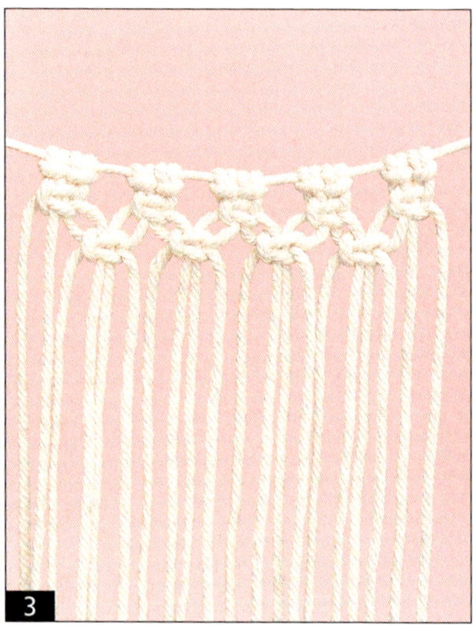
3

4. Nach diesem Prinzip gehst du nun die nächste Reihe an. Wieder nimmst du 2 Fäden zur Seite und arbeitest die Reihe mit Kreuzknoten durch 4a 4b.

5. Weiter und weiter knüpfst du, bis nur noch 1 Knoten übrig ist 5a 5b.

6. Jetzt wird es ein wenig tricky! Um dir die folgenden Schritte besser erklären zu können nenne ich den linken äußersten Faden wieder den Trägerfaden und den Rest Arbeitsfäden. Lege den Trägerfaden diagonal über die Arbeitsfäden.

7. Nun nimmst du dir den ersten Arbeitsfaden, schlägst ihn über den Trägerfaden und steckst ihn durch die entstandene Schlaufe.

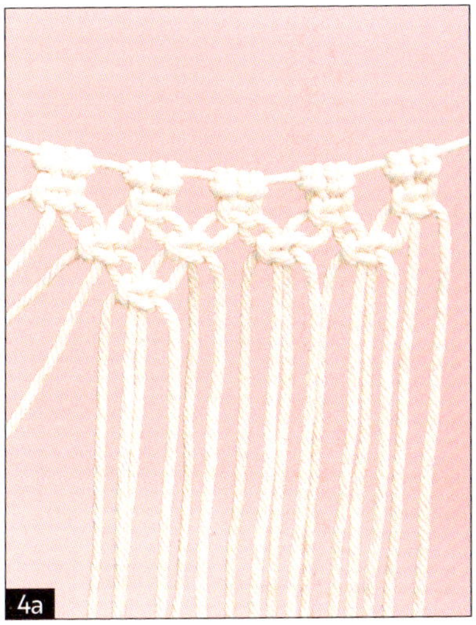
4a

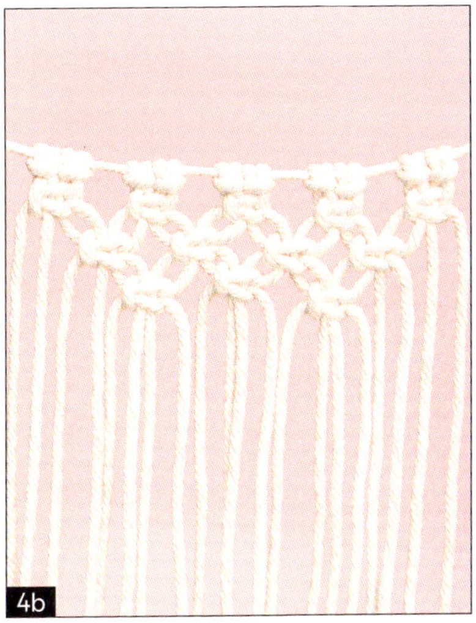
4b

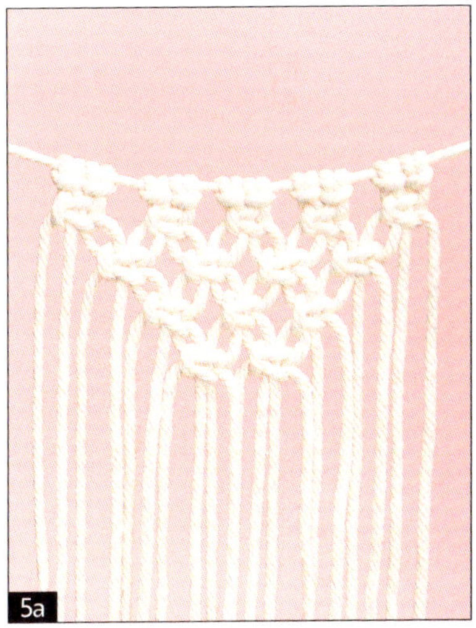
5a

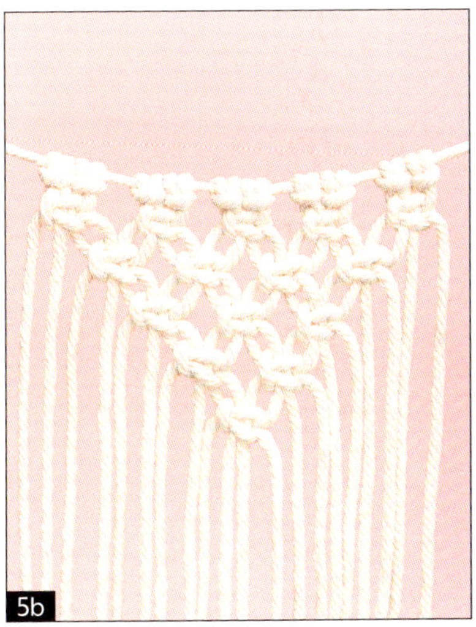
5b

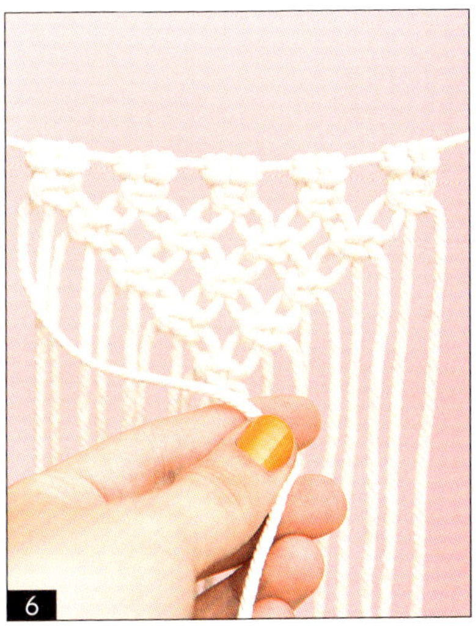
6

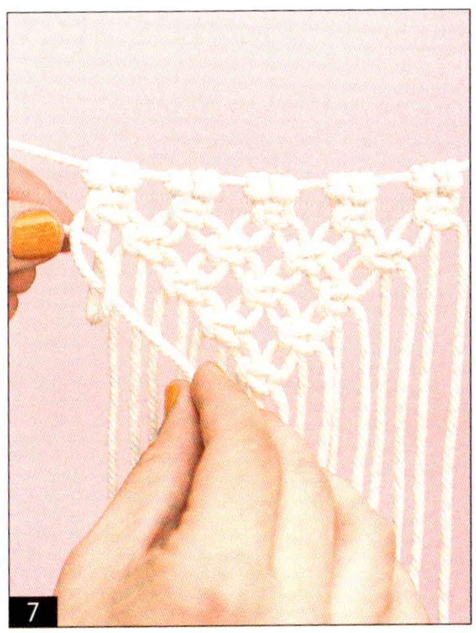
7

8. Ziehe nun den ersten Arbeitsfaden fest und achte darauf, dass du deinen Trägerfaden weiterhin auf Spannung und diagonal hältst! **Tipp:** Bei dieser Art zu knoten kann ich aus Erfahrung sagen: „Übung macht den Meister!" Mir persönlich hilft es beispielsweise, den Trägerfaden immer fest in der rechten Hand zu halten, damit ich nicht durcheinanderkomme!

Mehr passiert mit diesem Faden nämlich auch nicht. Das Knoten geschieht mit den Arbeitsfäden.

9. Immer noch mit denselben beiden Fäden wiederholst du nun den Knoten: Führe wieder den Arbeitsfaden über den Trägerfaden und ziehe den Arbeitsfaden durch die gebildete Schlaufe.

10. Festziehen, fertig! Nun solltest du an dem ersten Arbeitsfaden 2 Knoten haben.

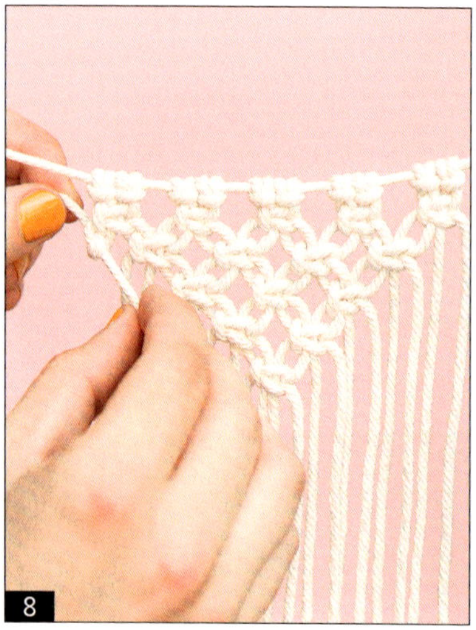
8

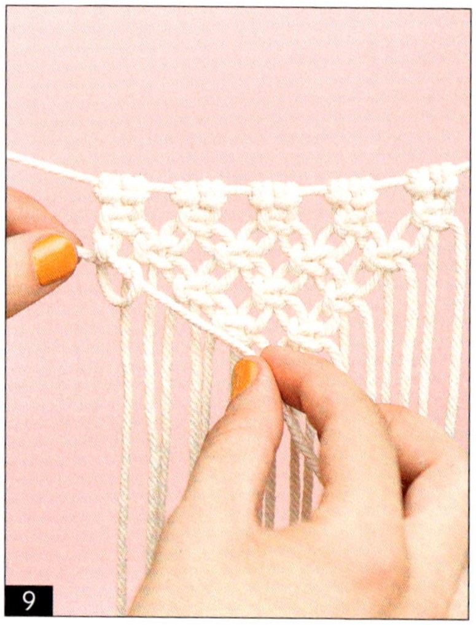
9

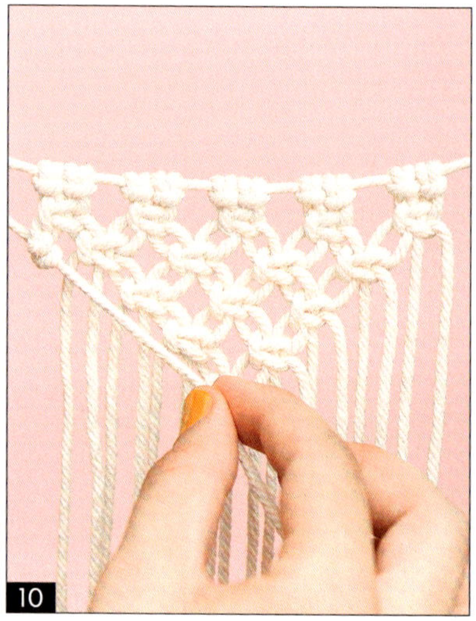
10

11. Nimm dir nun den nächsten Arbeitsfaden vor und wiederhole diesen Knoten erneut 2-mal 11a 11b 11c 11d.

12. Sobald du den Dreh raus hast, geht es schneller, das verspreche ich. Arbeite dich mit dieser Technik bis zum untersten Kreuzknoten vor. Dieser besteht aus 4 Fäden. Benutze nur die linken beiden als Arbeitsfäden, um diese Seite abzuschließen.

13. Nun führst du genau diese Schritte auf der anderen Seite des Wimpels durch. Das äußerste rechte Seil ist dabei dein Trägerfaden.

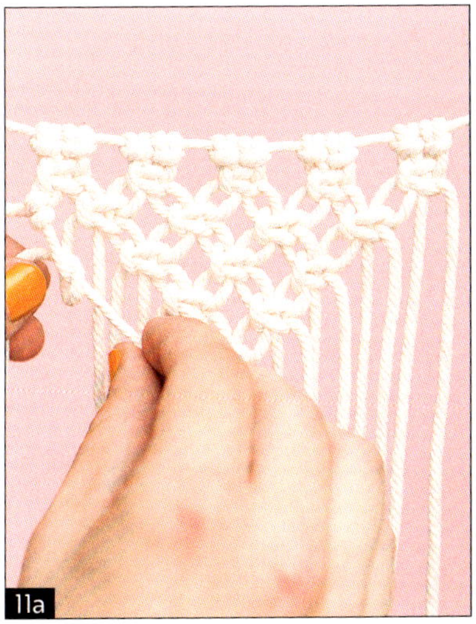
11a

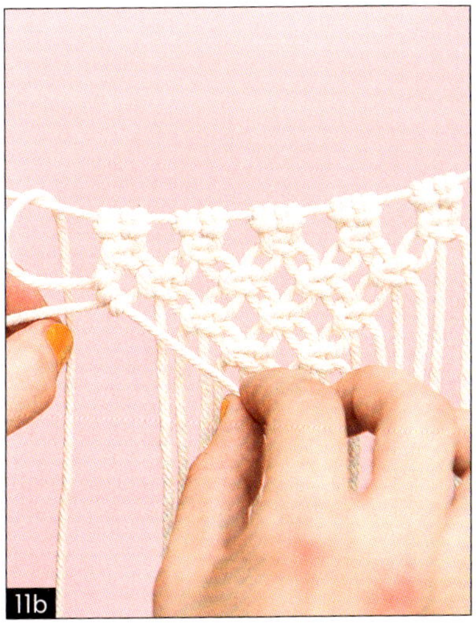
11b

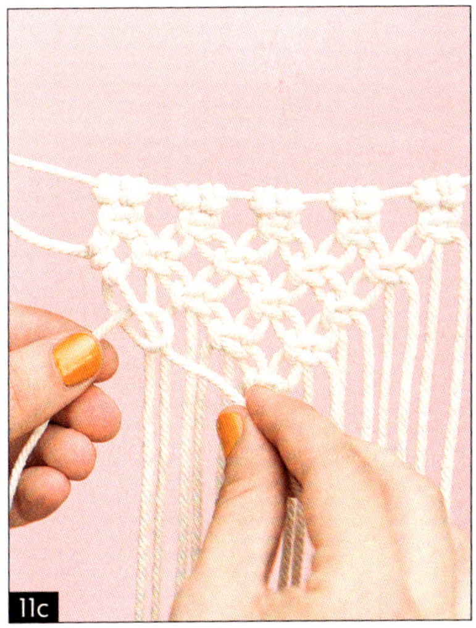
11c

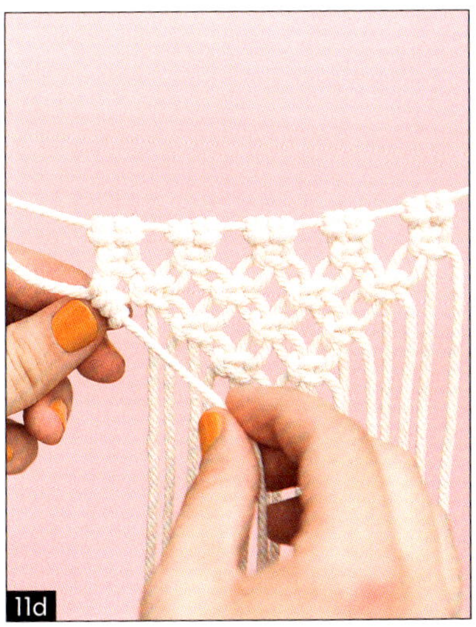
11d

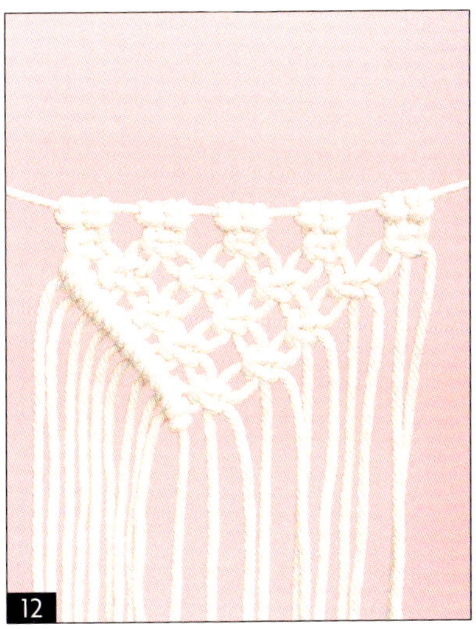
12

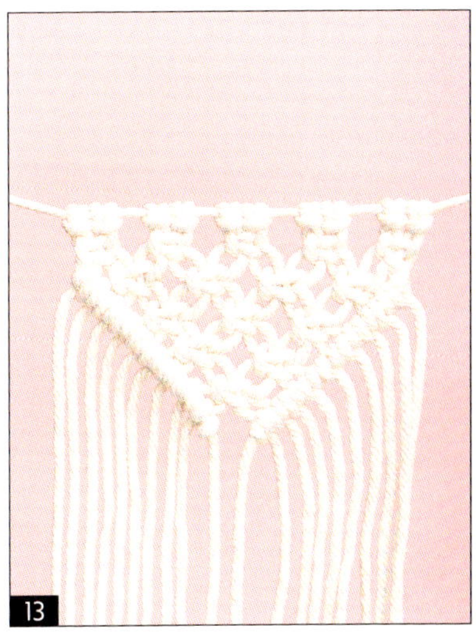
13

14. Um die beiden Seiten zu verbinden, nutzt du den linken Trägerfaden weiterhin als Trägerfaden und den Trägerfaden der anderen Seite als letzten Arbeitsfaden und knotest wie üblich zweimal 14a 14b 14c 14d 14e.

15. Den ersten Abschluss deines Wimpels hast du geschafft!

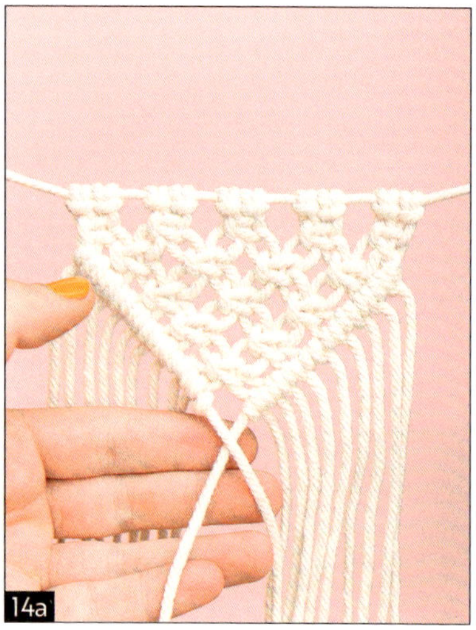

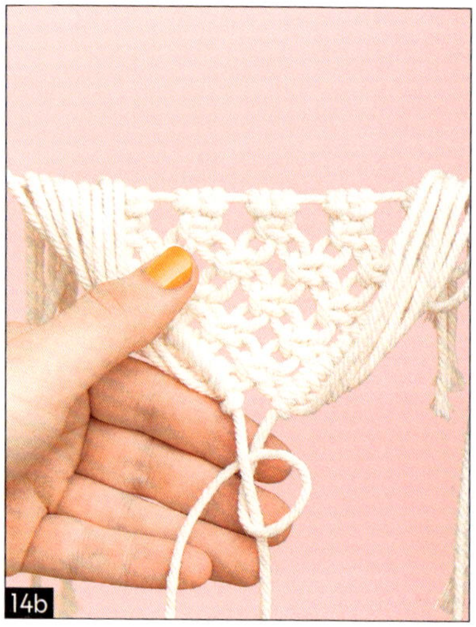

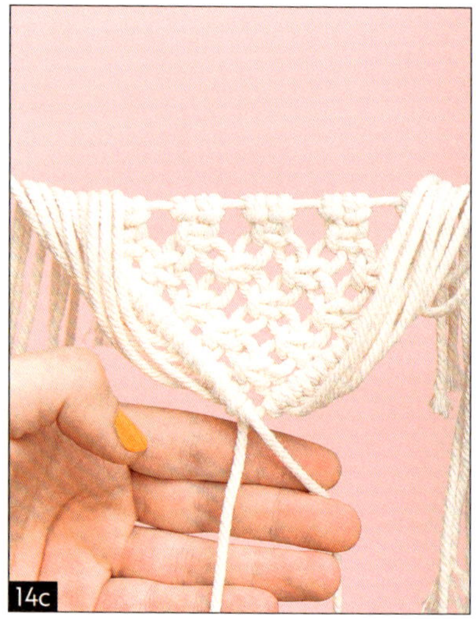

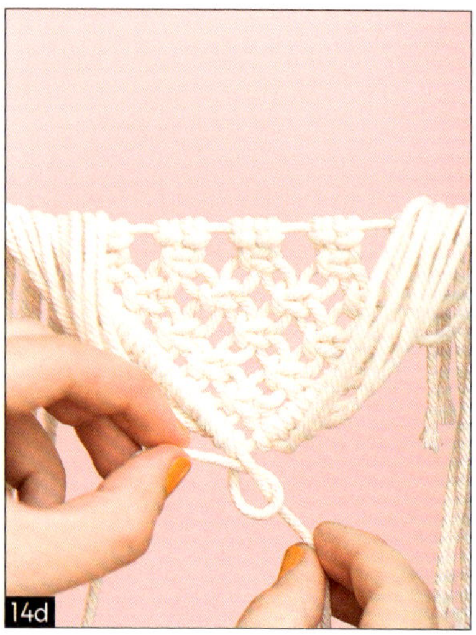

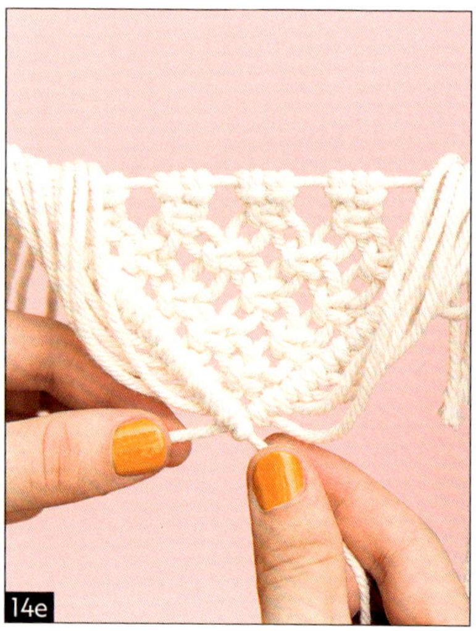

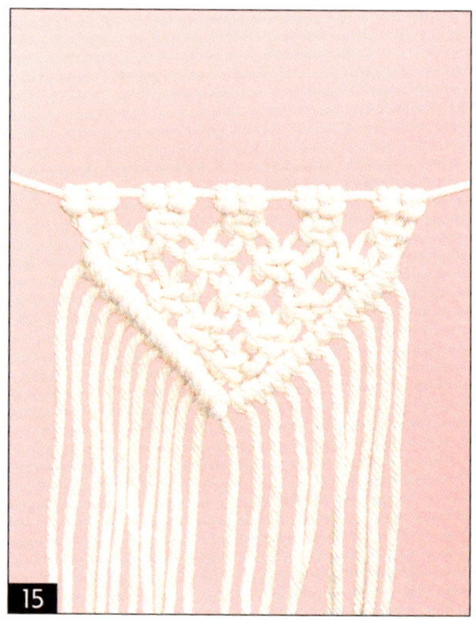

16. Jetzt noch fix eine zweite Reihe hinterher!

17. Nun kannst du dir auf die Schulter klopfen, denn das Schwierigste ist geschafft! Jetzt nur noch alles auf eine Länge schneiden 17a und je nachdem, welchen Look du möchtest, kannst du die Enden noch auskämmen! DONE 17b.

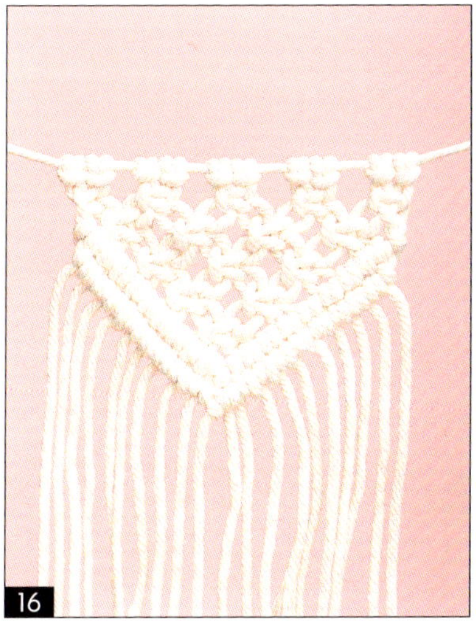
16

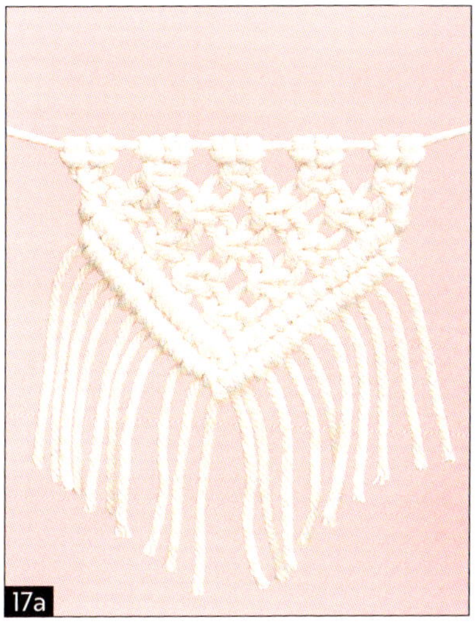
17a

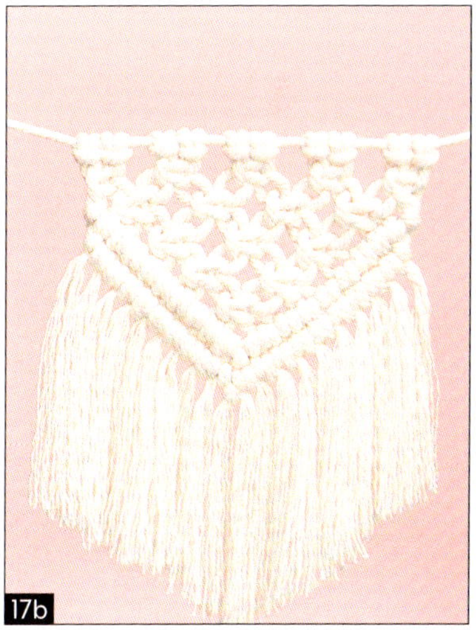
17b

MATERIALIEN

- Messingring
- dickeres Makramee-Garn (5 mm stark)
- Maßband
- Schere

Wandhänger

In den ersten DIYs dieses Kapitels konntest du schon mal deine Skills testen, deine Knüpf-Technik üben und verfeinern, um dich nun an ein komplexeres Makramee-Projekt zu trauen. Keine Angst, ich nehme dich Schritt für Schritt mit und am Ende wirst du mit einem tollen Wandstück belohnt!

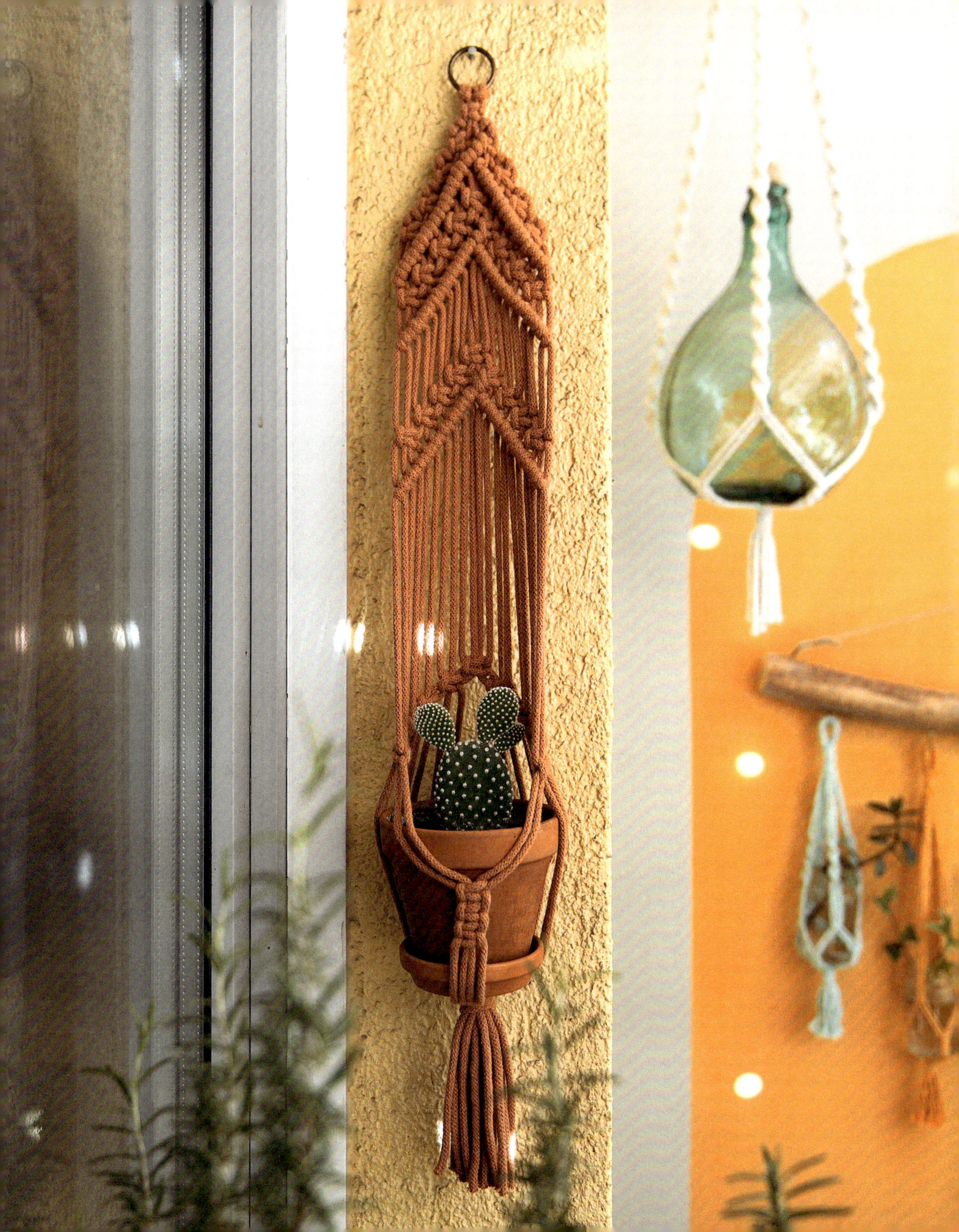

1. Auch dieses Projekt startest du mit einem Messing-Ring. Für den Anfang brauchst du zunächst 2 Stücke Garn, mit einer Länge von 3,20 m. Diese befestigst du mit einer Schlaufe an deinem Aufhängungsring. Achte dabei darauf, dass die Enden ungefähr gleich lang bleiben.

2. Im nächsten Schritt knüpfst du einen ganz simplen Kreuzknoten.

3. Nun nimmst du dir das äußerste Garn zur Seite und befestigst ein neues Seil, indem du wieder eine Schlaufe formst. Dieses neue Garn und alle folgenden sollten eine Länge von 2,30 m haben.

4. Wiederhole den gleichen Schritt auf der rechten Seite.

5. Jetzt solltest du 8 lose Seilenden haben. Nimm dir nun wieder 4 von der linken Seite und forme einen Kreuzknoten 5a. Rechts machst du es genauso 5b.

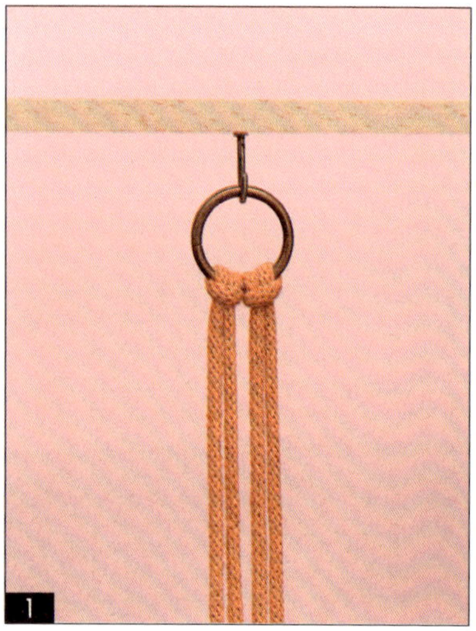

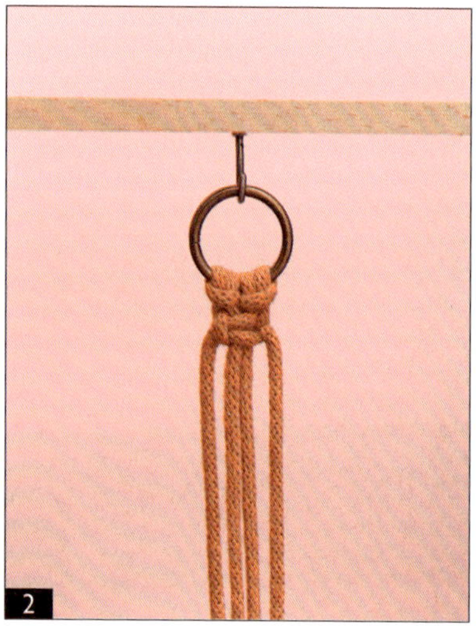

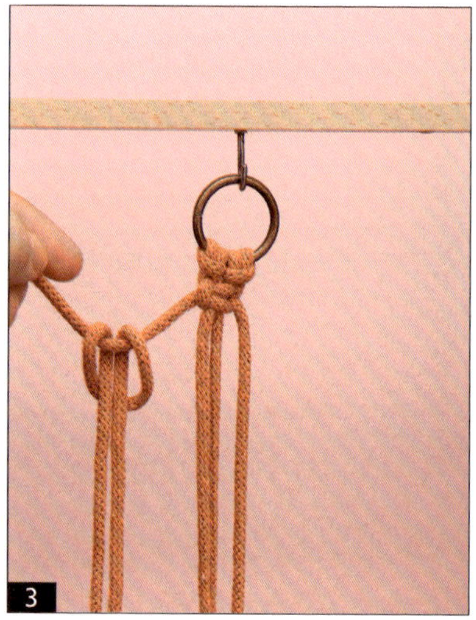

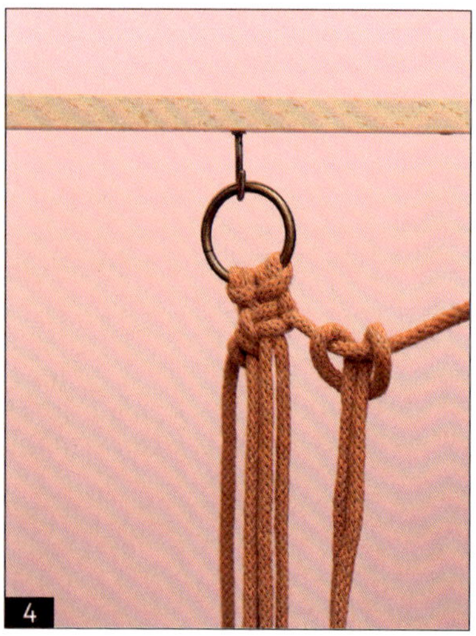

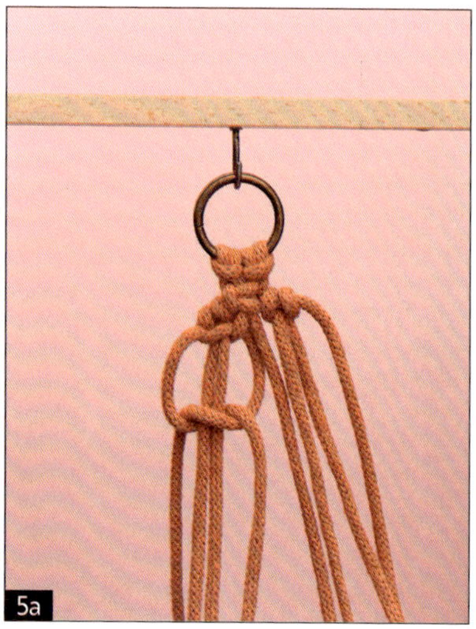

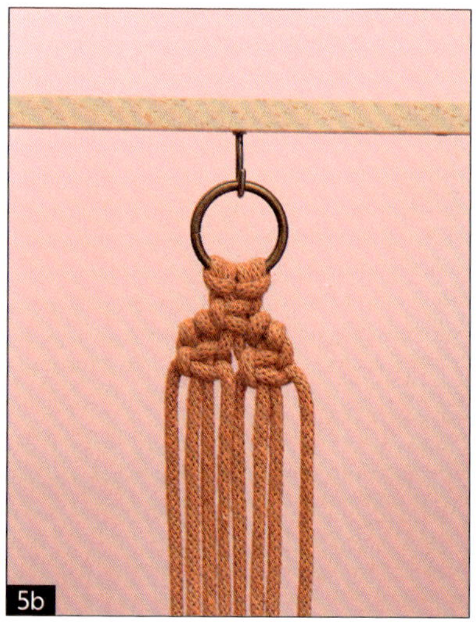

6. Erneut nimmst du die äußersten Seile zur Seite und befestigst jeweils ein neues Garn.

7. Nimm nun wieder 4 von ganz links und 4 von ganz rechts und knote den Kreuzknoten.

8. Nach diesem Prinzip (Schritt 6–7) fügst du beiderseitig noch 2 letzte Stränge hinzu, die du wieder mit einem Kreuzknoten abschließt.

9. Nun wirst du, wie auch schon bei der Wimpelkette, eine Reihe Knoten hinzufügen, die dem Ganzen einen optischen Abschluss oder eine Trennung geben. Dazu arbeitest du erneut mit Arbeits- und Trägerfäden. Um herauszufinden, welcher Faden was macht, trennst du am besten kurz deinen Hänger in der Mitte, sodass 2 Seiten entstehen. Der erste Faden der rechten Seite wird dein Trägerfaden und alle übrigen auf der linken Seite (10 Fäden) sind deine Arbeitsfäden.

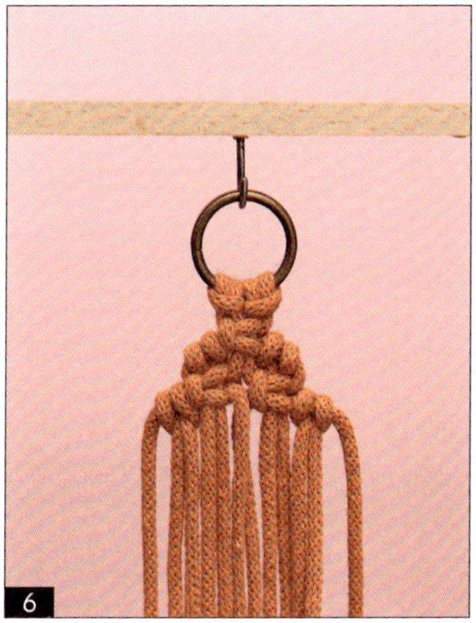
6

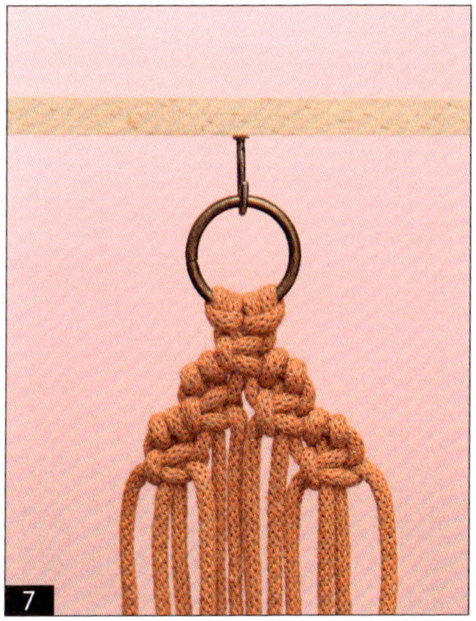
7

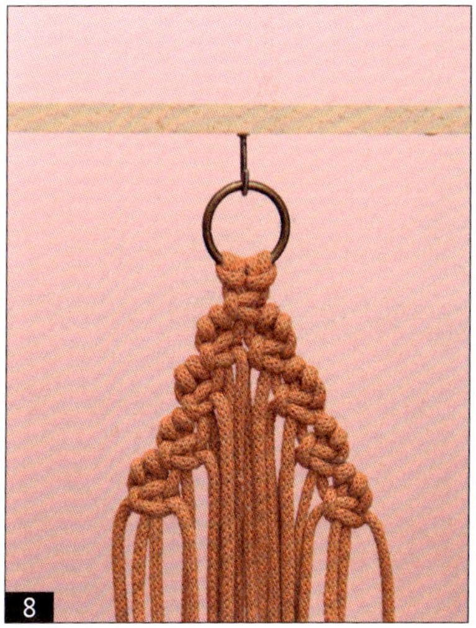
8

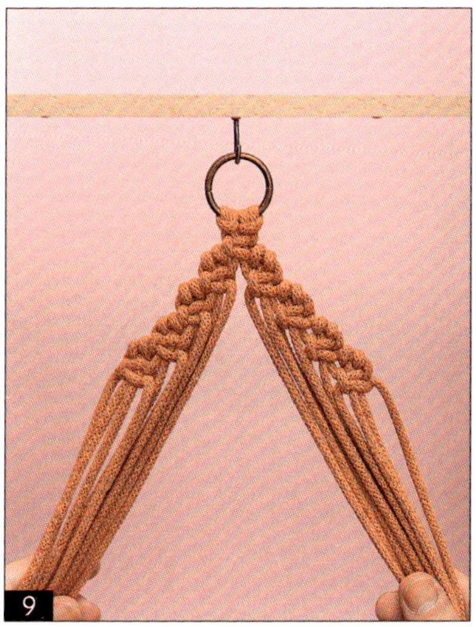
9

10. Gehe mit dem Trägerfaden diagonal über die Arbeitsfäden und mit einer Schlaufe von hinten legst du den ersten Arbeitsfaden darum. Mit dem Trägerfaden fest in der linken Hand ziehst du den Arbeitsfaden fest.

11. Diese Bewegung machst du mit jedem Arbeitsfaden insgesamt 2-mal am Trägerfaden.

12. Vergiss nicht, das Ganze schön festzuziehen!
Tipp: Keine Angst! Beim Knoten wirst du langsam ein Gefühl entwickeln, was zu locker und was zu fest gezogen ist!

13. Diese Schritte wiederholst du nun für die ganze linke Seite. Immer ganz einfach 2 Knoten pro Arbeitsfaden.

14. Jetzt willst du natürlich auch die rechte Seite abschließen. Die Schritte bleiben dieselben. Dieses Mal benutzt du aber den 11ten Faden von links als Trägerfaden und alle übrigen Fäden der rechten Seite werden deine Arbeitsfäden 14a 14b.

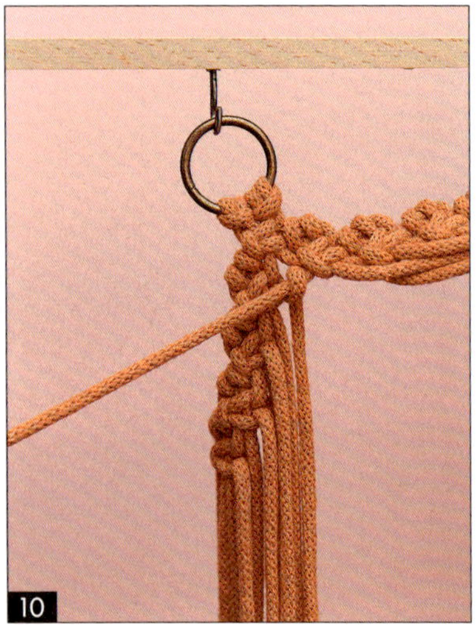
10

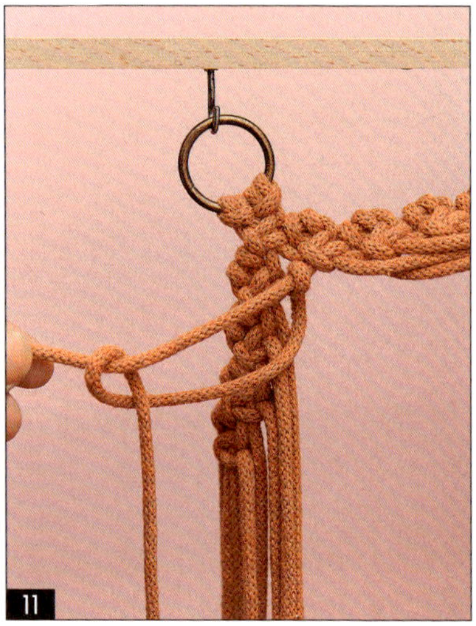
11

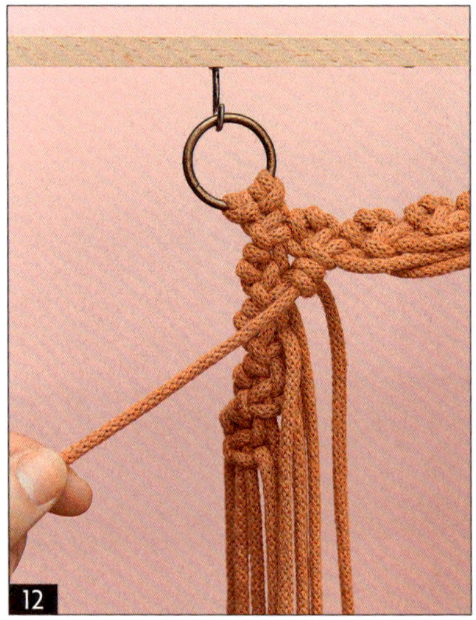
12

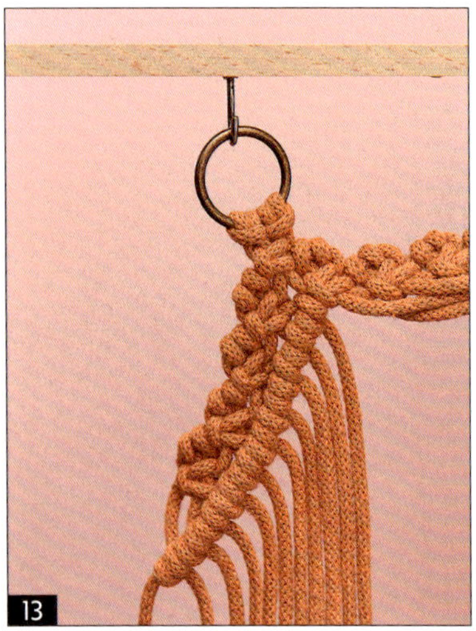
13

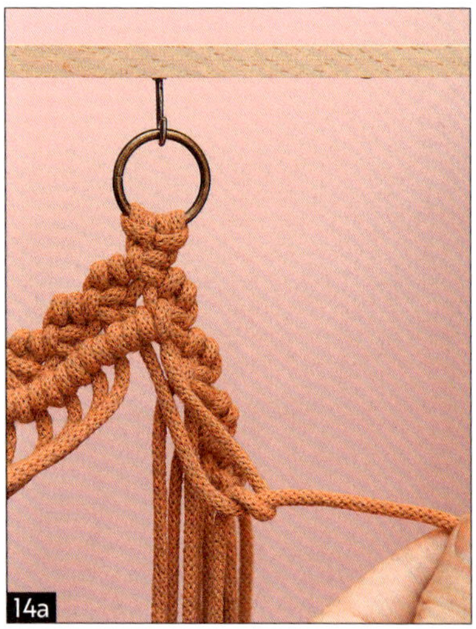
14a

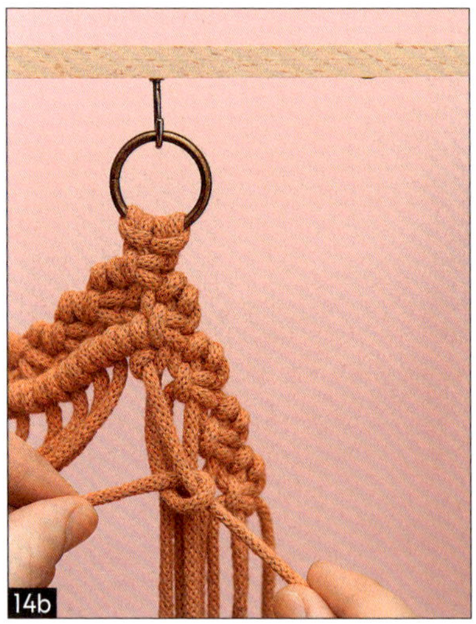
14b

15. Hast du auch diese Reihe fertig, sollte dein Hänger aussehen wie in Bild 15.

16. Im nächsten Schritt suchst du dir die Mitte des Hängers und formst aus den 4 zentralen Seilen einen Kreuzknoten.

17. Nimm dir nun die 2 linken Seile vom Kreuznoten, hol dir 2 Neue dazu und knote erneut. Genauso auf der rechten Seite.

18. Beende nach diesem Prinzip eine komplette Reihe Kreuzknoten!

19. Nun knüpfst du (wie in Schritt 9–15) eine Reihe dieser Knoten.

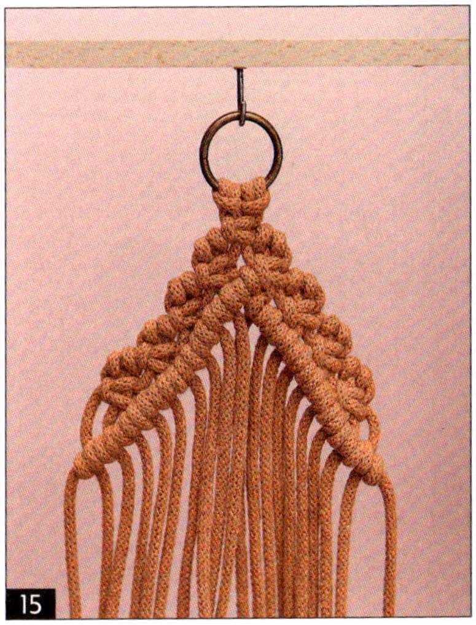
15

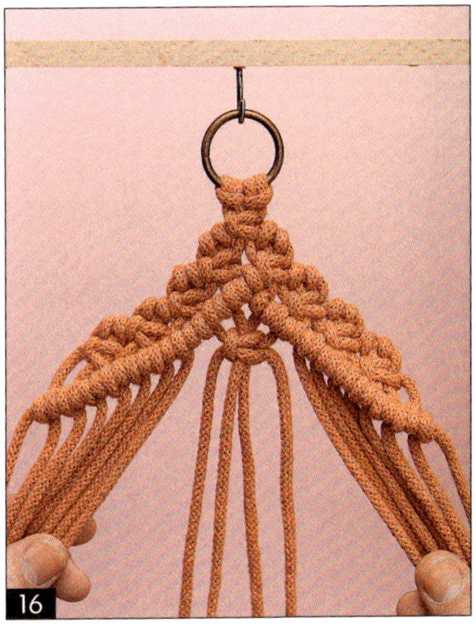
16

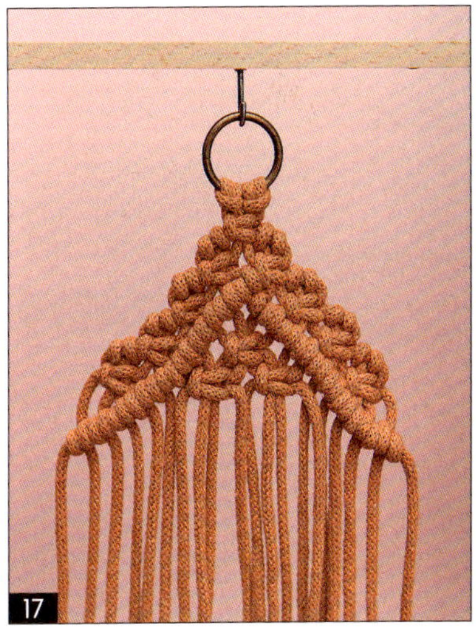
17

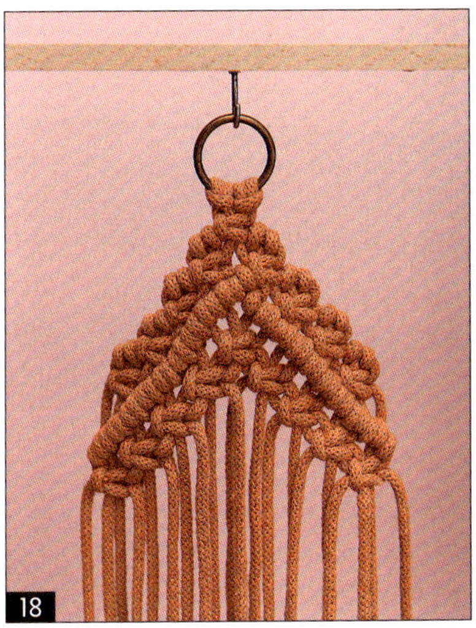
18

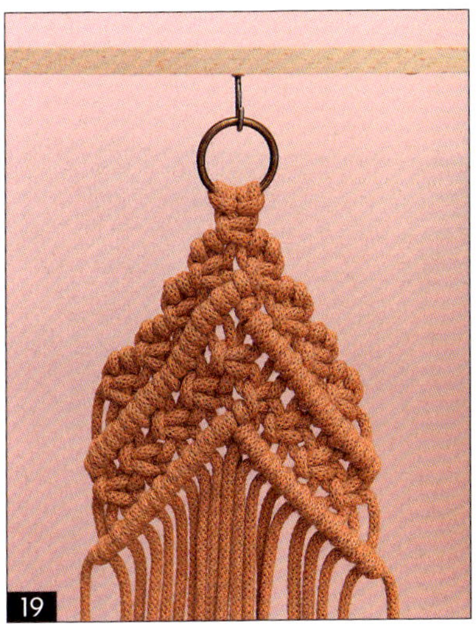
19

20. Lasse nun 6 cm Abstand und füge eine neue Reihe Kreuzknoten hinzu 20a 20b.

21. Schließe es wieder mit den Trennungsknoten ab.

22. Jetzt lässt du 16 cm frei und knüpfst deine neue Reihe Kreuzknoten 22a 22b.

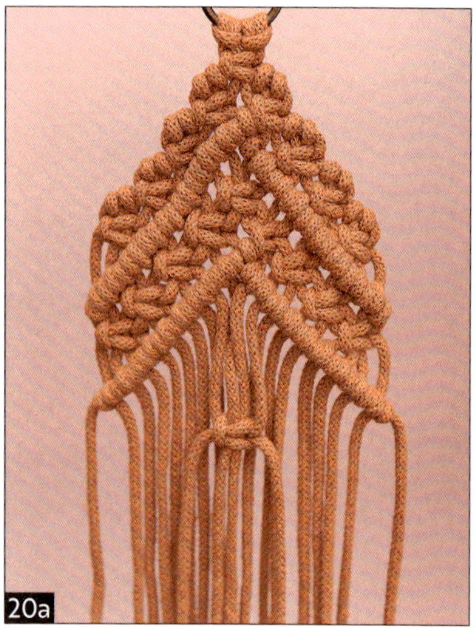

20a

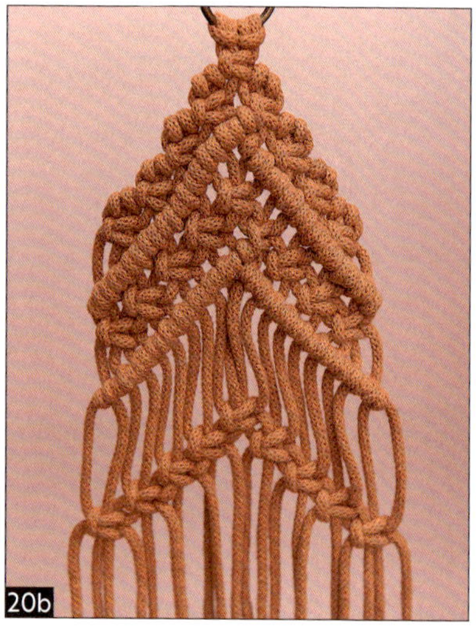

20b

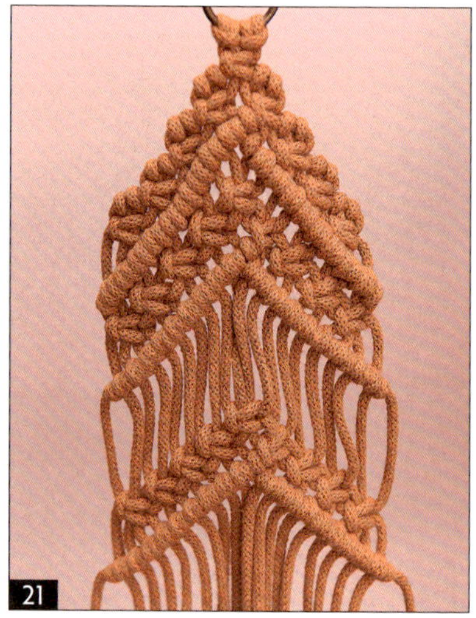

21

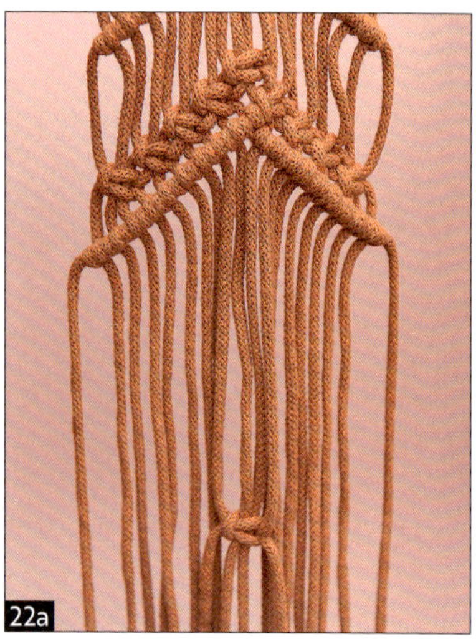

22a

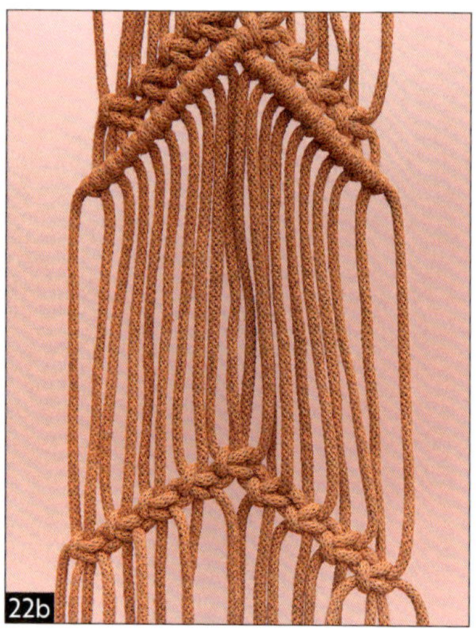

22b

23. Hast du diese Reihe beendet, nimmst du links und rechts jeweils 2 Seile und verbindest sie mit einem neuen Kreuzknoten (Abstand 7 cm links und rechts), sodass sich dein Pflanzenhänger schließt.

24. Füge 2 weitere Kreuzknoten hinzu.

25. Nimm im letzten Schritt alle Seile zusammen und beende deinen Wandhänger mit einem Wickelknoten. Dieser sollte ca. 8 cm vom vorderen Kreuzknoten entfernt sein.

Tipp: Bevor du alles abschneidest stelle am besten schon mal dein Töpfchen in den Hänger und halte ihn an die Wand. Es kann gut sein, dass du an manchen Seilen noch ein wenig ziehen musst, um alles perfekt zu justieren. Erst jetzt trimmst du die Enden und es ist geschafft!

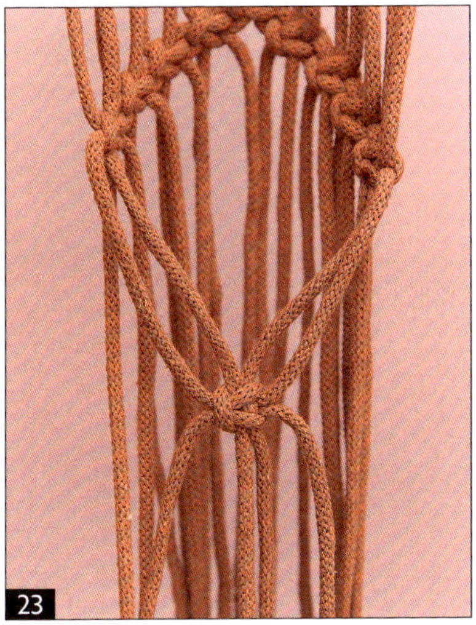

23

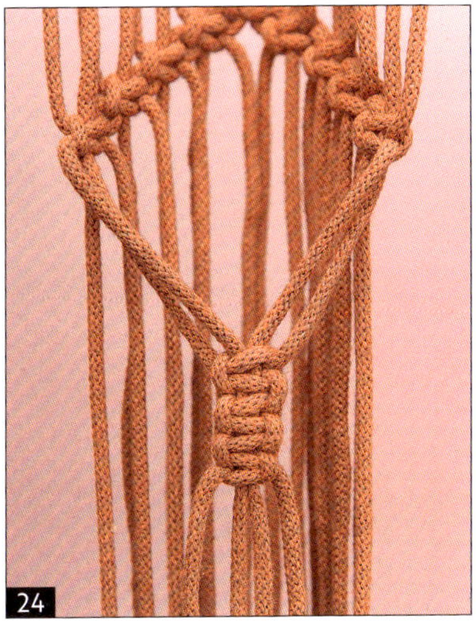

24

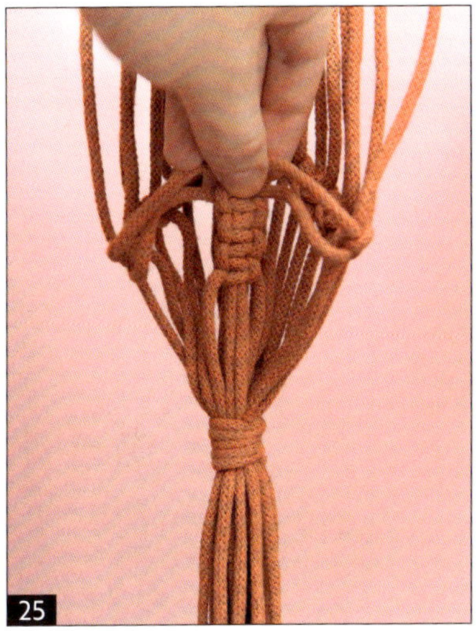

25

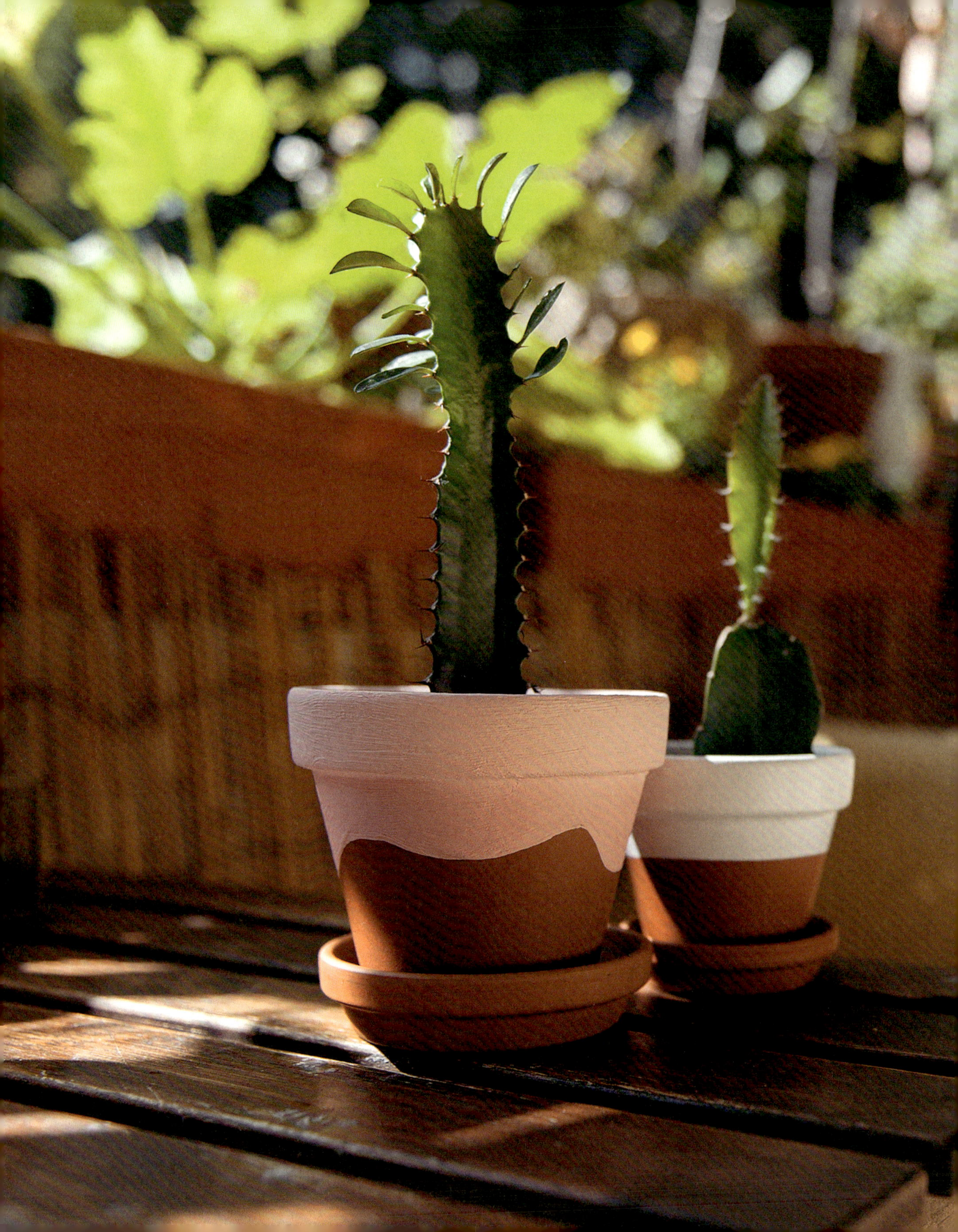

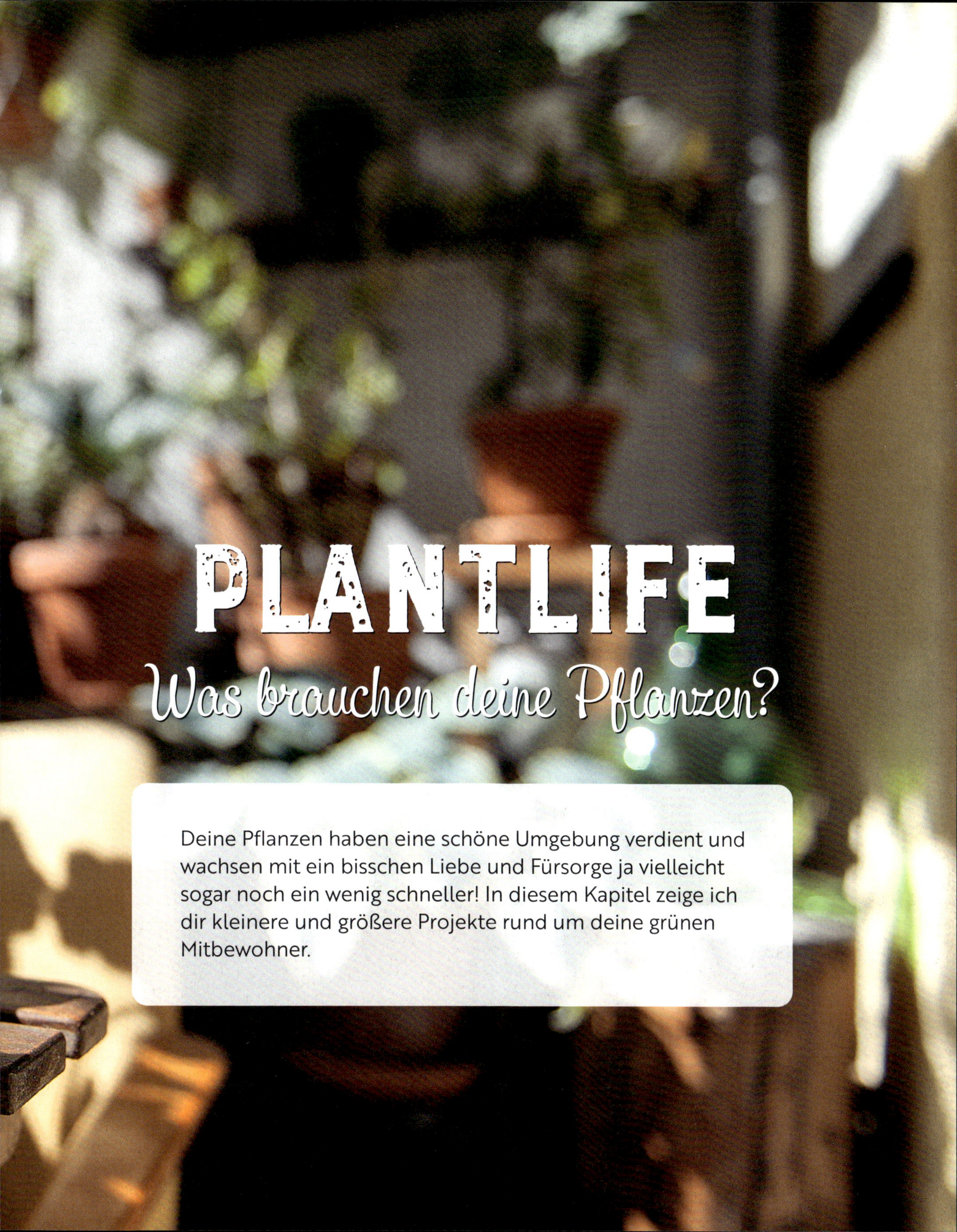

PLANTLIFE

Was brauchen deine Pflanzen?

Deine Pflanzen haben eine schöne Umgebung verdient und wachsen mit ein bisschen Liebe und Fürsorge ja vielleicht sogar noch ein wenig schneller! In diesem Kapitel zeige ich dir kleinere und größere Projekte rund um deine grünen Mitbewohner.

MATERIALIEN

- Tontöpfe
- wasserfeste Farbe
- Washi-Tape
- Kreppband

Bemalte Blumentöpfchen

Schlichte Tontöpfe sind dir zu langweilig, oder du magst einfach ein bisschen kreativ werden? Dann bring Farbe ins Spiel! Mit dieser Anleitung machst du aus einem stinknormalen Blumentopf einen richtigen Hingucker!

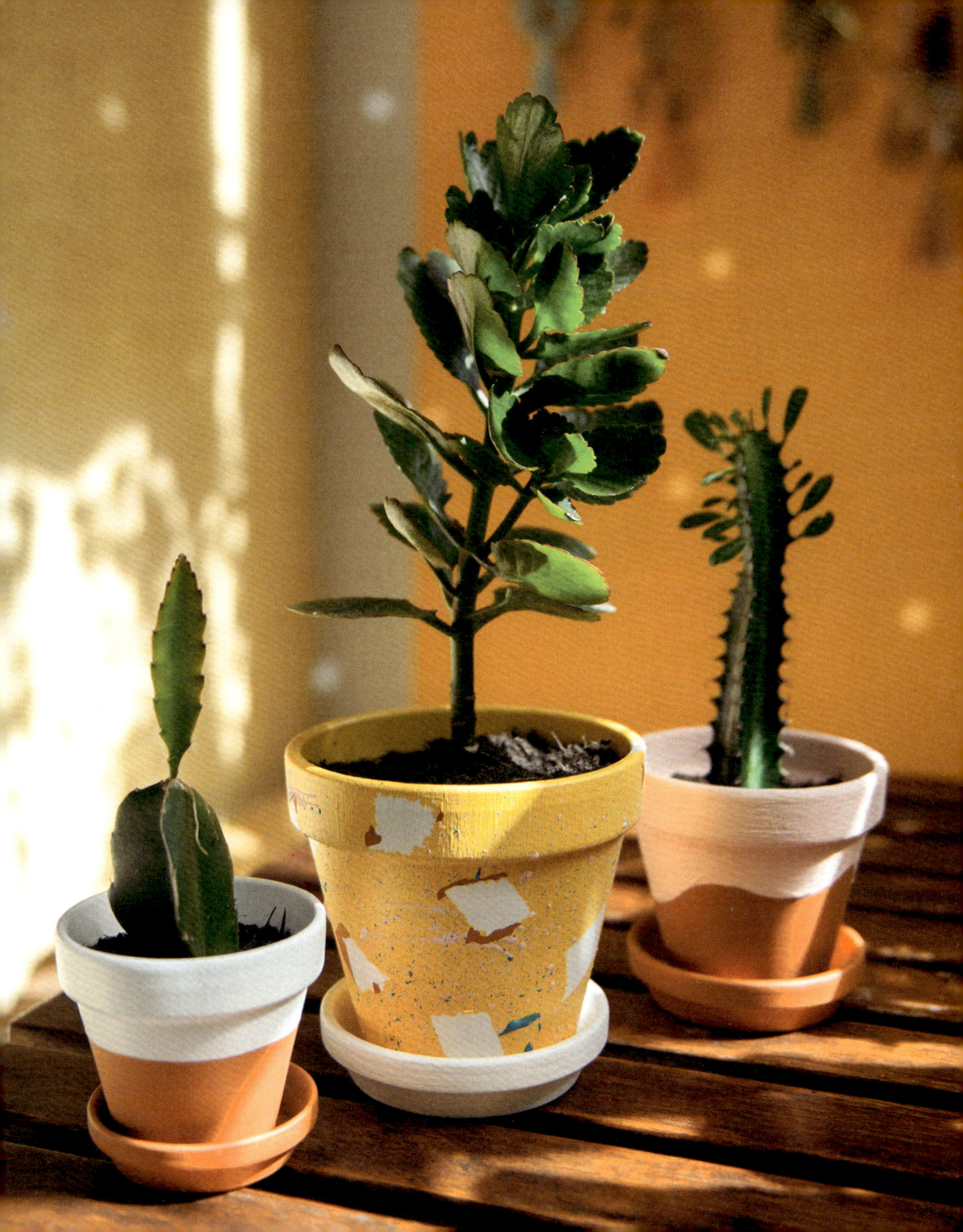

1. Du startest mit einem ganz gewöhnlichen Terrakotta-Topf aus dem Baumarkt 1a und trägst zunächst eine Grundierung auf 1b 1c. Ich habe mich für Weiß entschieden, aber dir sind absolut keine Grenzen gesetzt.

2. Wenn dein Töpfchen getrocknet ist, kannst du dein Washi-Tape in ein paar Fetzen reißen und diese auf den Topf kleben.

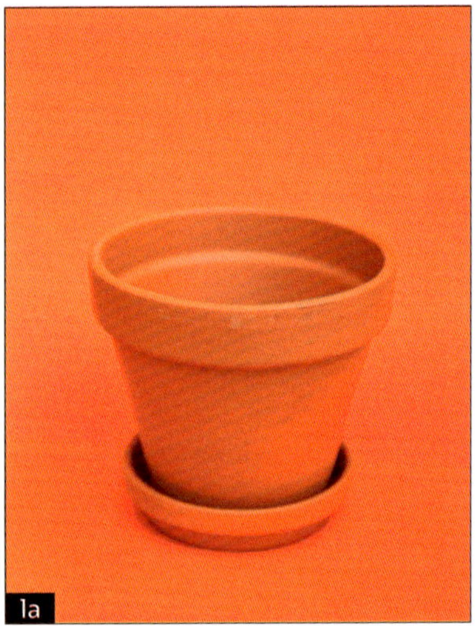
1a

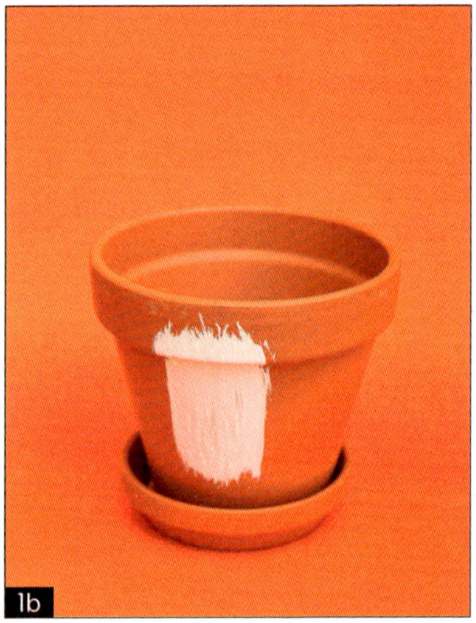
1b

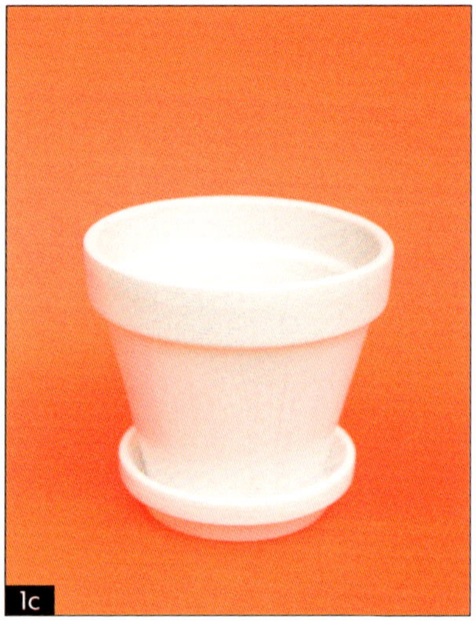
1c

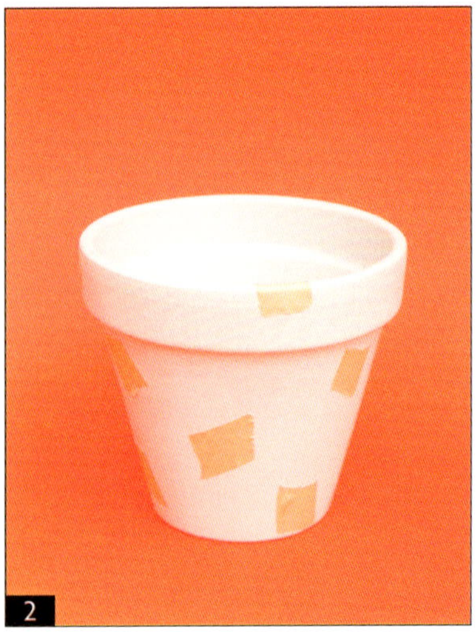
2

3. Diesen überpinselst du nun mit deiner Hauptfarbe, in meinem Fall ein schönes warmes Gelb. Und wieder abwarten, bis es getrocknet ist.

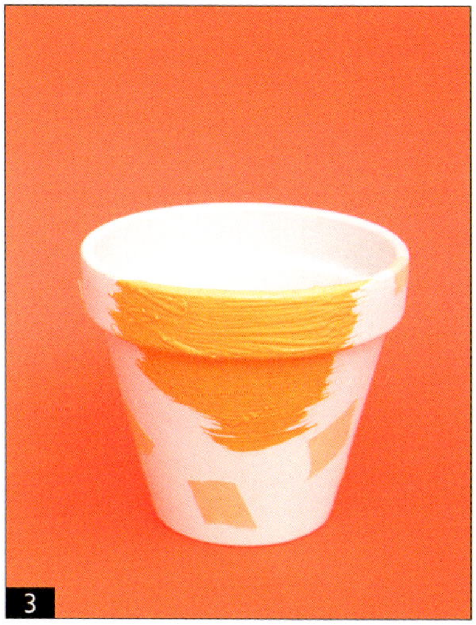
3

4. Im nächsten Schritt habe ich mit einer Zahnbürste noch ein wenig rosa und blau darauf gespritzt. Jetzt lässt du das Ganze wieder trocknen, dann kannst du im letzten Schritt das Tape entfernen. So bringst du das Weiß darunter zum Vorschein.

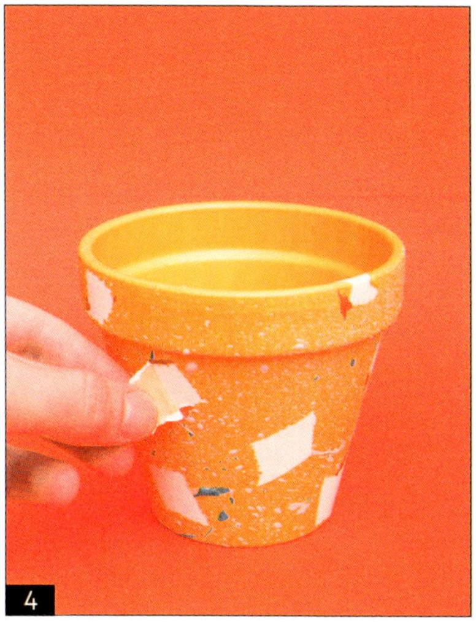
4

Tipp: Bei meinem Töpfchen hat sich sogar die weiße Grundfarbe noch ein wenig gelöst und so kam das ursprüngliche Terrakotta zur Geltung. Wenn du wie in der Anweisung Washi-Tape benutzt, sollte das nicht passieren, weil es sich leichter lösen lässt. Ich hatte Kreppband genommen und so ist ein wenig weiße Farbe daran hängen geblieben. Fand den Look aber cool, von daher: Glück gehabt!

Kreppband benutzt du am besten nur zum Abkleben, um eine scharfe, saubere Kante hinzubekommen wie bei dem Töpfchen links auf Seite 49! Bei dem rechten habe ich aus freier Hand noch ein bisschen Rosa aufgetragen.

MATERIALIEN

- verschiedene Äste
- festes Garn

Natürliche Rankhilfe

Du magst es gerne rustikaler, ein bisschen verwunschen sogar? Die Rankhilfen aus dem Gartencenter sind dir zu langweilig? Ich habe einen schnellen und einfachen Trick für dich. Alles, was du brauchst, sind ein paar Äste, ein wenig Seil und schon kannst du dir deine eigene Rankhilfe basteln.

1. Geh kurz vor die Haustüre, in einen Park oder halte beim Spaziergang im Wald Ausschau nach schönen Zweigen. Ein paar dicke, ein paar dünne.

2. Mit grobem Garn verbindest du 2 lange, dickere Ästchen mit ein oder zwei dünneren. Wie du das machst, bleibt ganz dir überlassen. Mach die Mittelstäbe parallel oder im Zickzack, vollkommen egal.

Jetzt steckst du das Konstrukt in die Erde und legst bzw. wickelst deine Rank- oder Kletterpflanze vorsichtig darum – fertig bist du. Mir gefällt das super, weil es schon fast wie ein Teil der Pflanze aussieht und richtig natürlich wirkt!

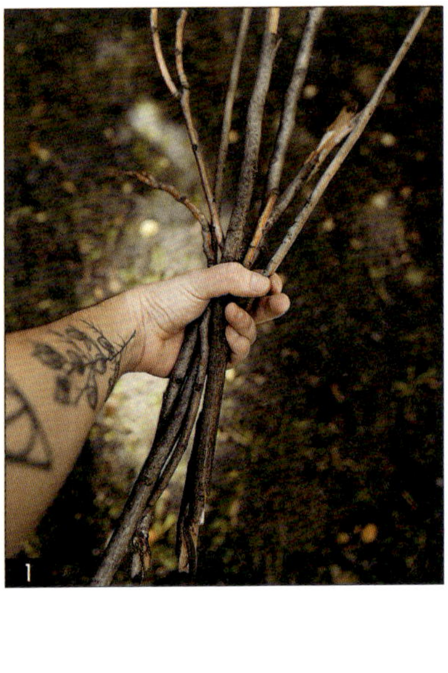
1

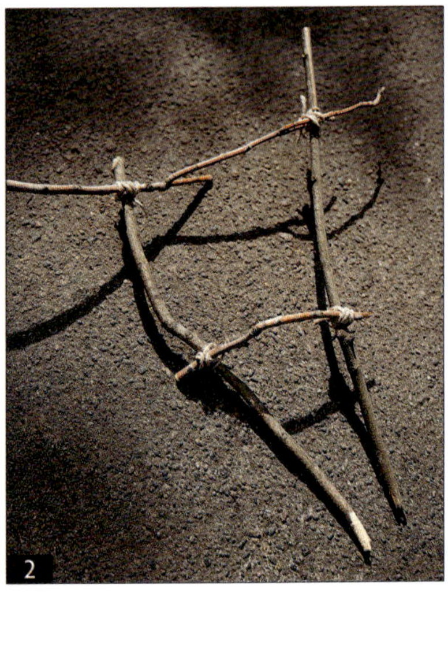
2

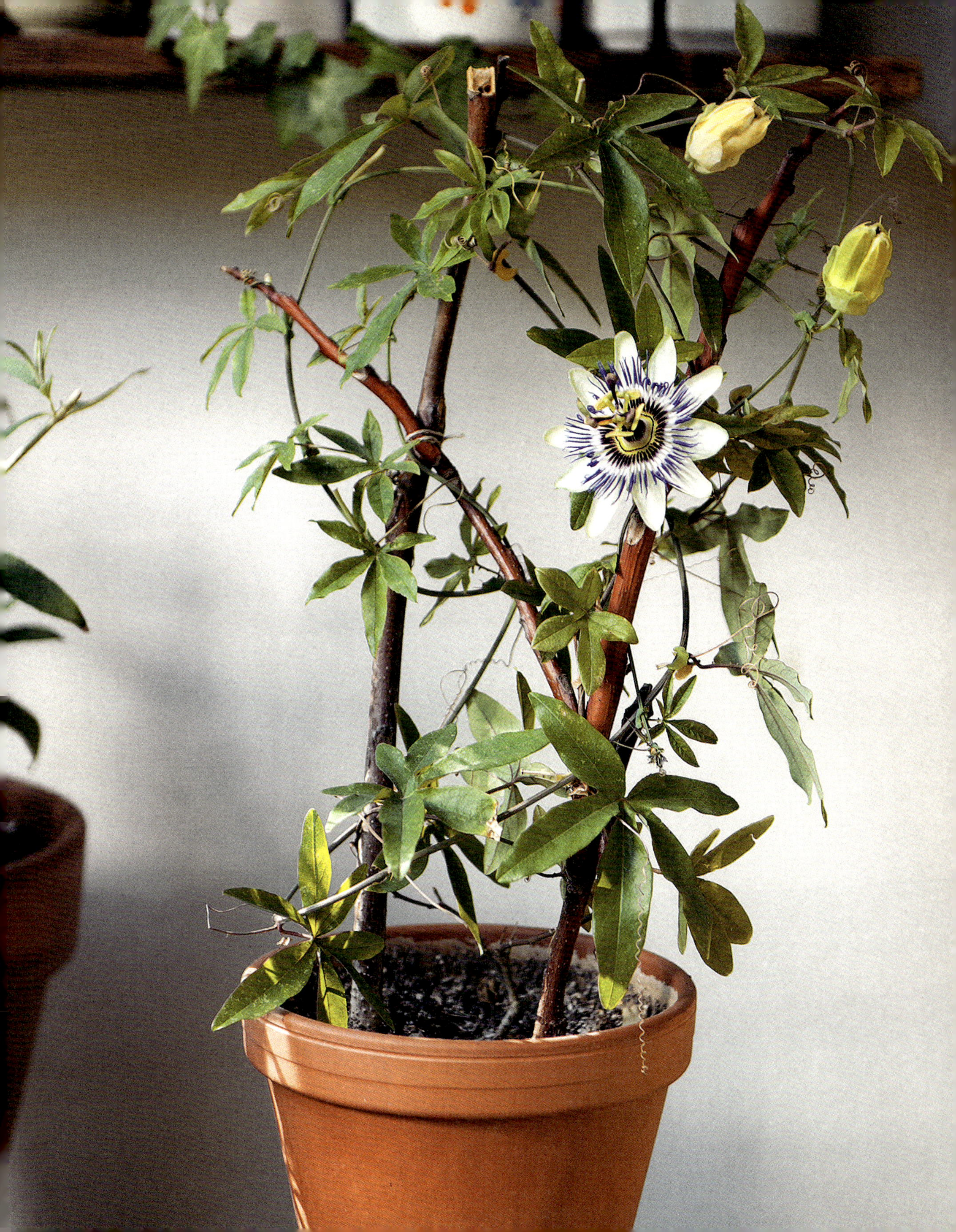

MATERIALIEN

- Glasgefäß
- Grundierspray (Primer)
- Backpulver, Mehl oder Vogelsand
- Acryl- oder Kreide-Farbe
- Pinsel

Glasvase in Terrakotta-Optik

Ich liebe Töpfereien und Vasen aus Ton oder Terrakotta. Sie können jedoch sehr kostspielig sein. In dieser Anleitung zeige ich dir ein paar Tricks, wie du aus alten Glasvasen ein super Upcycling in genau diesem Look machen kannst!

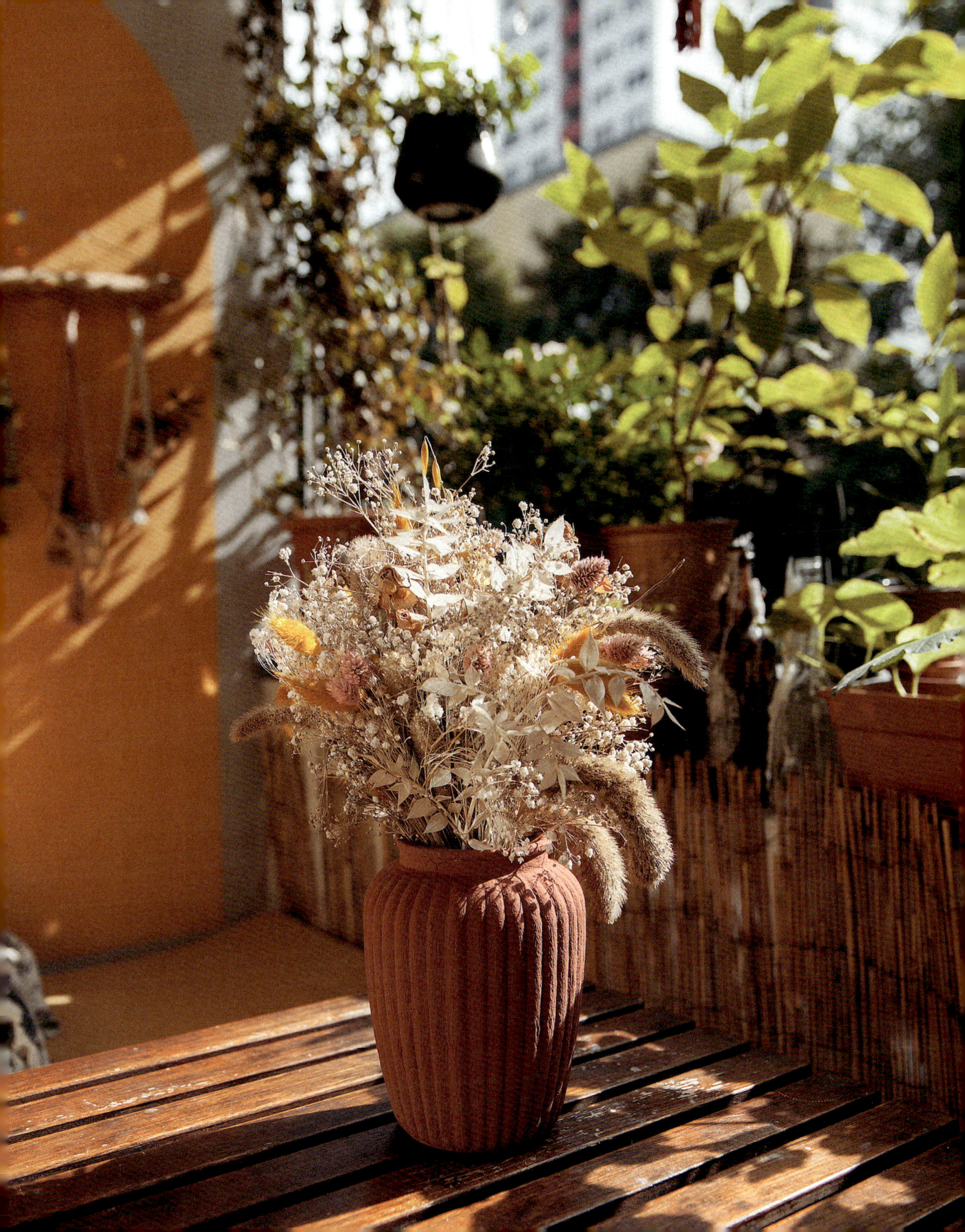

1. Im ersten Schritt nimmst du dir deine Glasvase 1a, besprühst sie außen mit 1 bis 2 Schichten Primer und lässt alles in Ruhe trocknen 1b. Diese Grundierung ist nützlich, denn so haftet deine Farbe später besser an der Oberfläche.

2. Jetzt kann's auch schon losgehen! Wir arbeiten in Schichten: Für die erste mischst du nur ein bisschen von dem Backpulver, Mehl oder Vogelsand mit deiner gewählten Farbe und trägst diese auf die Vase auf. Dann ist wieder Warten angesagt.

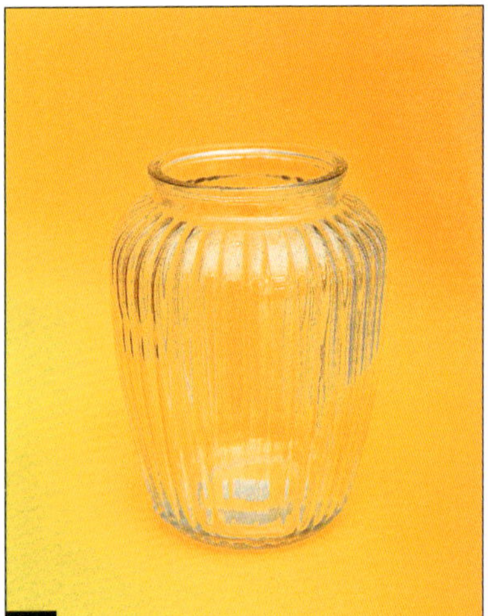
1a

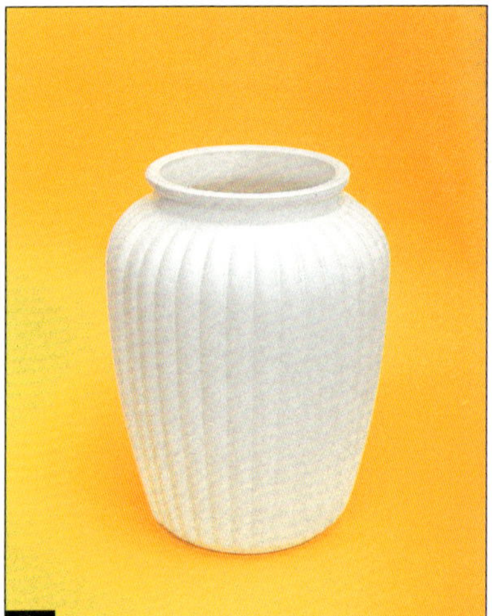
1b

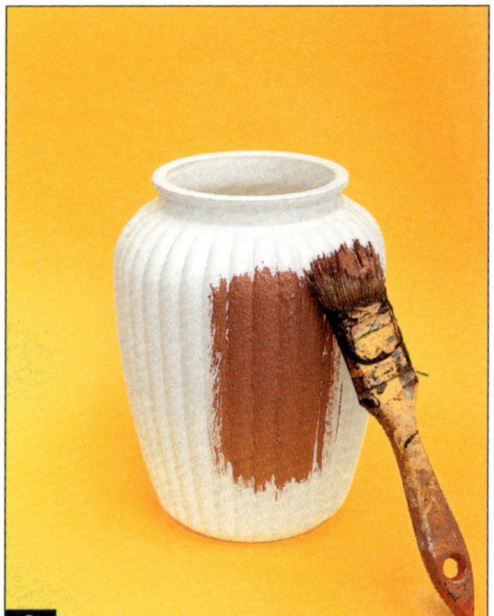
2

3. Weiter geht's mit der nächsten Schicht. Hier kannst du jetzt mehr Backpulver, Mehl oder Sand benutzen. Deine Farbmischung bekommt dadurch eine klumpige Konsistenz, die den gewünschten Ton- bzw. Terrakotta-Look ausmacht. Die Pinselstriche, die du kreuz und quer oder auch geradlinig machen kannst, geben zusätzliche Struktur auf der Vase.

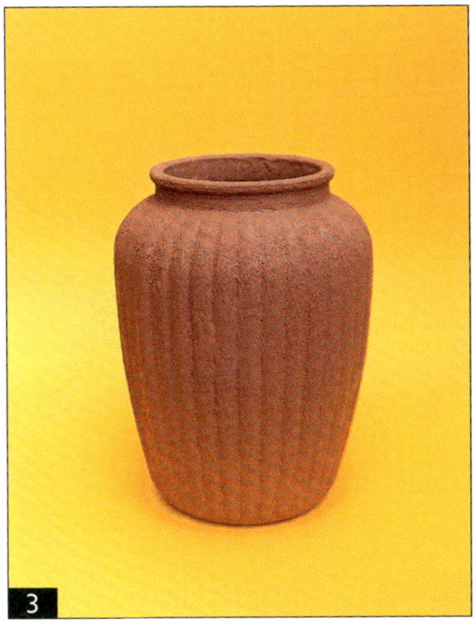

3

Nach 3 bis 4 Schichten bist du fertig und hast einer alte Glasvase, die sonst vielleicht im Müll gelandet wäre, noch mal neues Leben eingehaucht!

MATERIALIEN

- Makramee-Garn (4 mm stark)
- Maßband
- Schere
- dicker Ast
- Drehhaken
- Seil

Anzuchtstation

Wenn meine Pflanzen mir über den Kopf wachsen, greife ich fix zur Schere und stutze sie ein wenig zurecht. Aber halt! Die Stecklinge landen natürlich nicht im Müll. Mit diesem DIY zeige ich dir eine dekorative Möglichkeit, deinen Ablegern ein schönes zu Hause zu geben. Deine kleine Anzuchtstation entsteht aus vielen verschiedenen Mini-Pflanzenhängern.

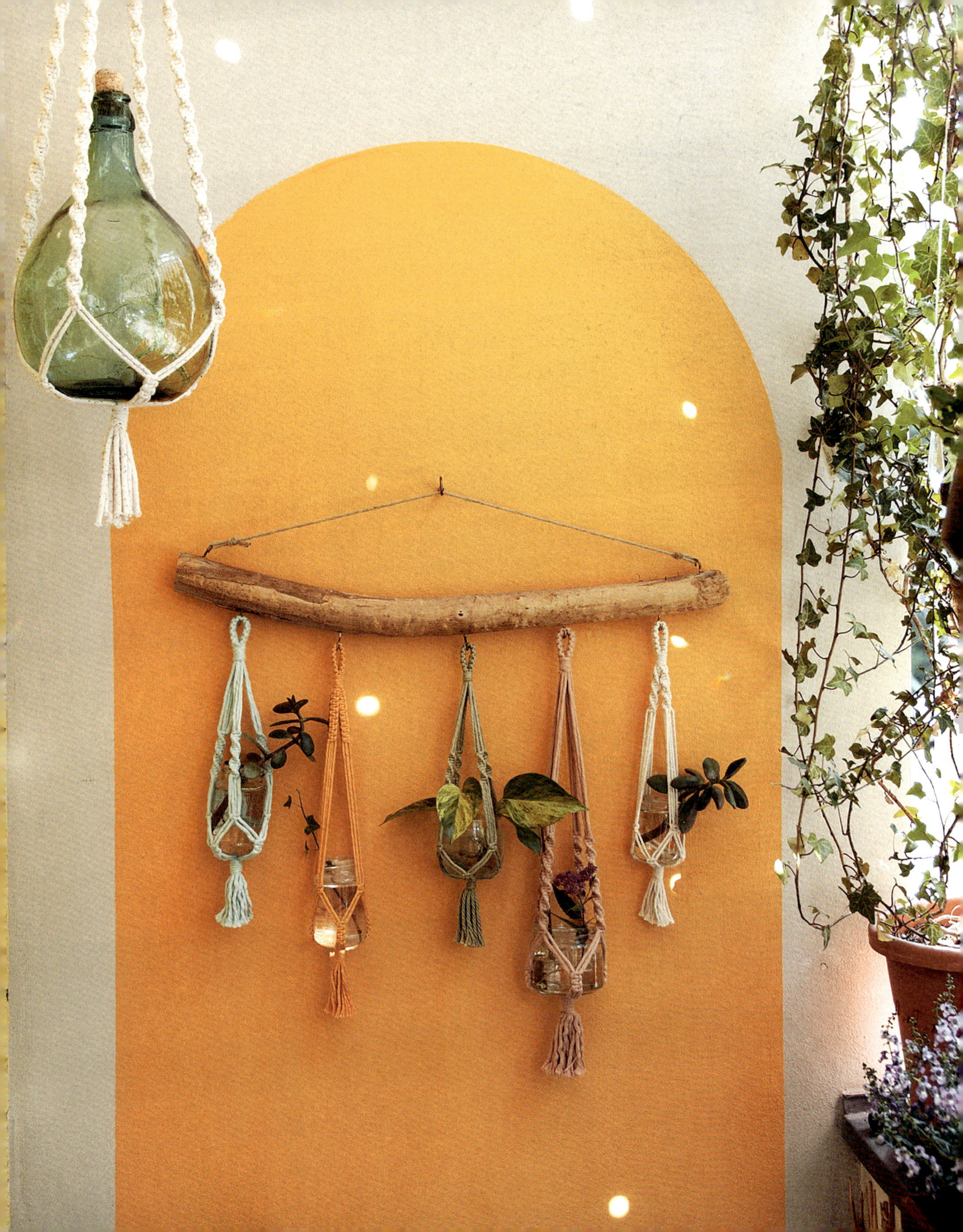

Dieses Projekt funktioniert auch ohne den üblichen Messing-Ring. Ich zeige dir, wie man auch so eine ganz schnelle Hängung knoten kann: Du beginnst zunächst wieder mit 8 Stücken Garn. 6 davon haben eine Länge von 1,30 m und 2 sind mit 2 m ein wenig länger.

1. Lege nun alle 8 Garne zueinander und achte darauf, dass sich die längeren ganz links und ganz rechts befinden. Du arbeitest von der Mitte nach außen und startest mit einem Kreuzknoten.

2. Diesen Knoten knüpfst du 12-mal. Wichtig ist darauf zu achten, dass das überschüssige Seil auf beiden Seiten immer gleich lang ist.

Tipp: Ich habe immer abwechselnd ein paar Knoten oben und dann wieder ein paar unten gemacht. Dann habe ich meinen Strang auf die Hälfte gefaltet und geschaut, ob die überschüssigen Fäden ungefähr dieselbe Länge haben, bis ich auf die finalen 12 Knoten kam.

3. Jetzt faltest du deinen Strang genau in der Mitte, sodass eine Schlaufe entsteht 3a. Diesen Aufhänger beendest du mit einem 5-fachen Wickelknoten 3b. Dafür benötigst du ca. 40 cm Garn.

4. Teile nun 4 Seile vom Rest ab, lasse ca. 8 bis 9 cm frei und knüpfe 12 Wellenknoten. Wiederhole diesen Prozess für die anderen 3 Stränge.

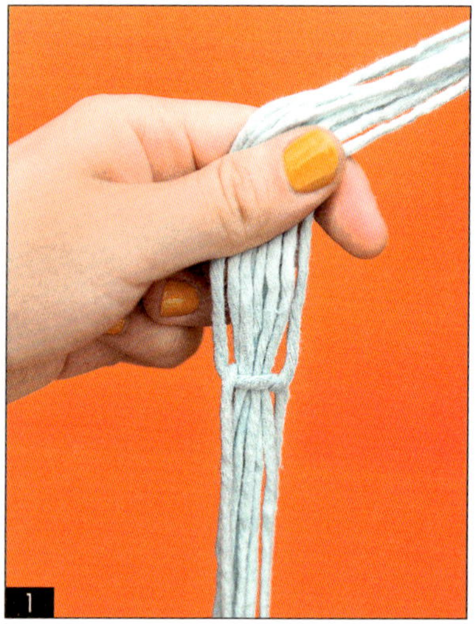
1

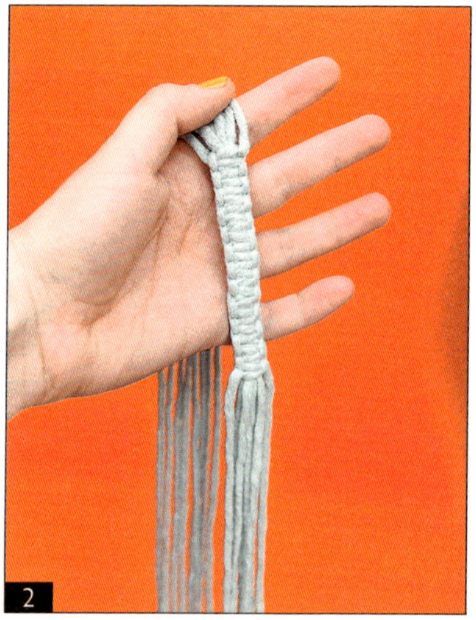
2

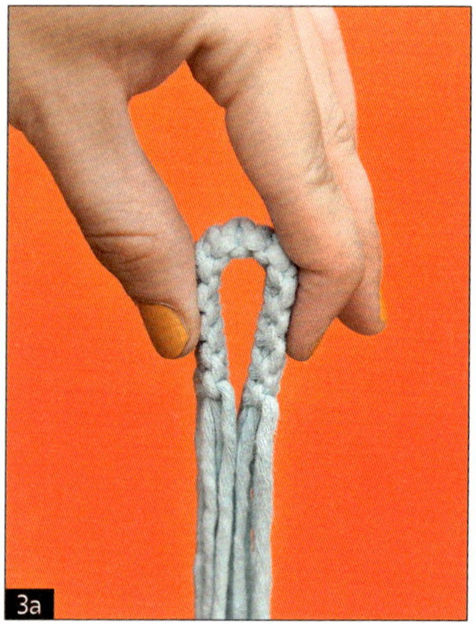
3a

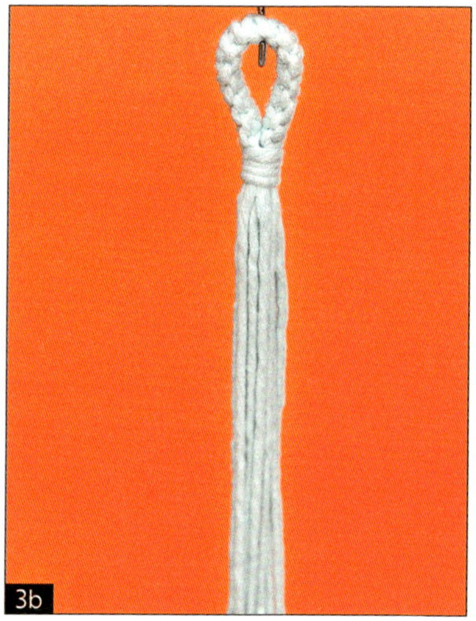
3b

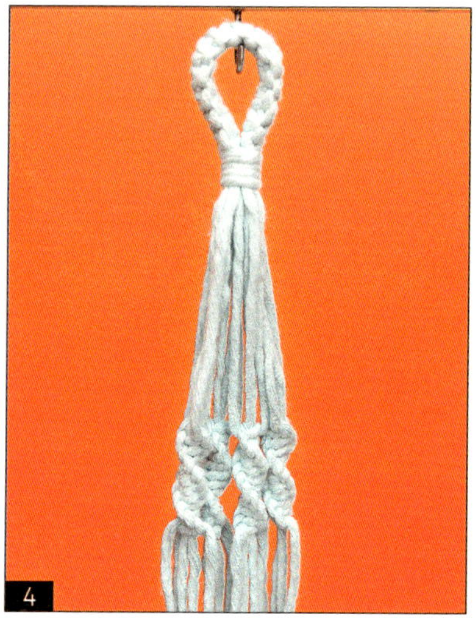
4

5. Wieder lässt du 8 bis 9 cm Platz und knüpfst 1 ½ Kreuzknoten.

6. Verbinde nun deine benachbarten Stränge. Dazu lässt du 4 cm Abstand nach unten und nimmst dir aus 2 Strängen, die nebeneinander sind, jeweils 2 Fäden und führst diese zu einem neuen 4er-Strang zusammen. Hier knüpfst du diesmal nur einen Kreuzknoten.

7. Schließe nun den Kreis.

8. Zum Schluss lässt du 3 cm frei und beendest deinen Mini-Pflanzenhänger mit einem abschließenden 5-fachen Wickelknoten 8a. Schneide die Enden des Wickelknotens ab 8b und kürze alle übrigen Enden der Stränge auf eine Länge!

Von diesen Hängern kannst du nun mit all deinen gelernten Makramee-Techniken verschiedene Versionen basteln. In deinen Ast schraubst du zu guter Letzt noch ein paar Haken, an denen die Mini-Hänger baumeln sollen. Befestige noch fix ein Seil als Aufhängung und schon hast du es geschafft!

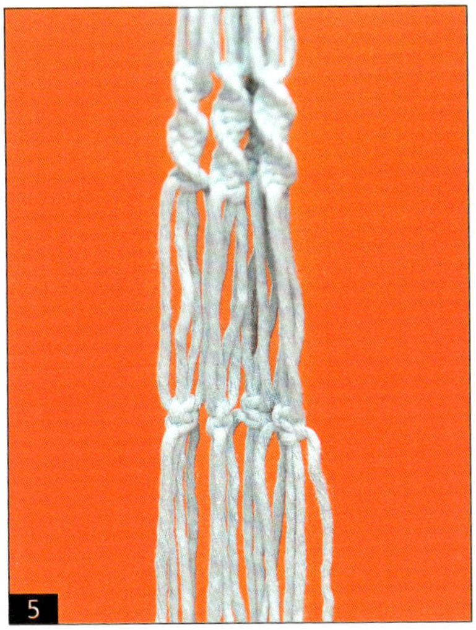
5

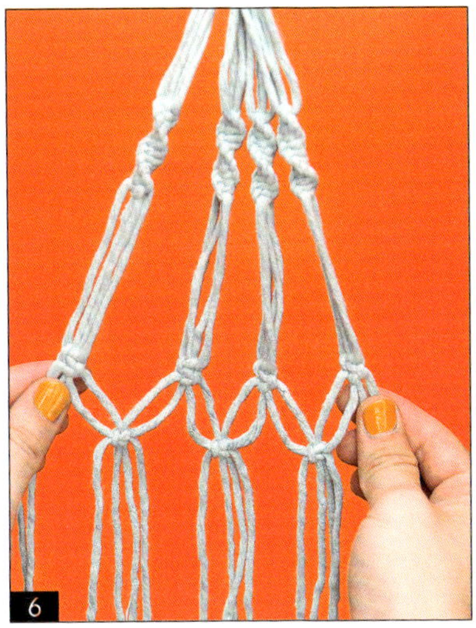
6

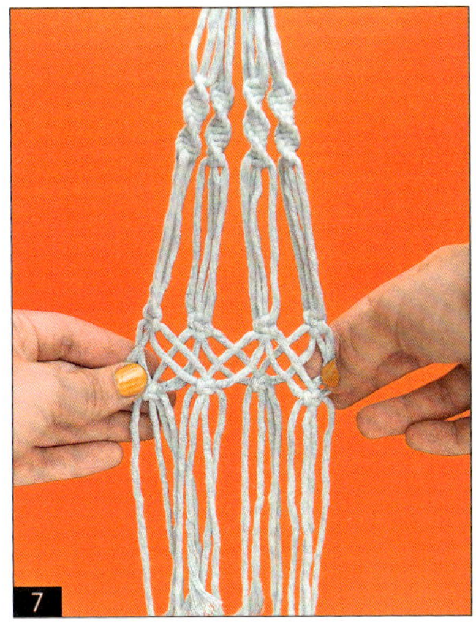
7

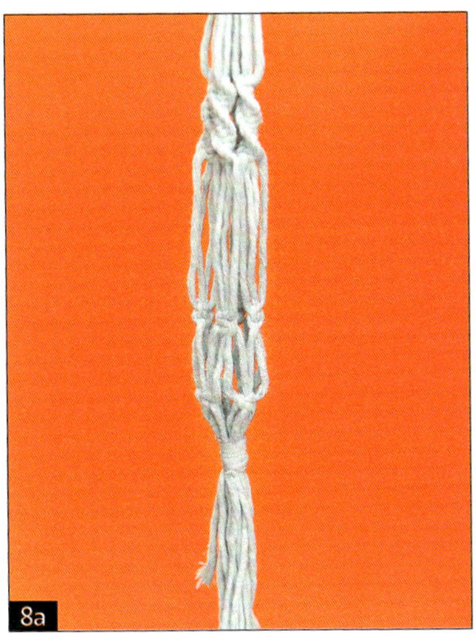
8a

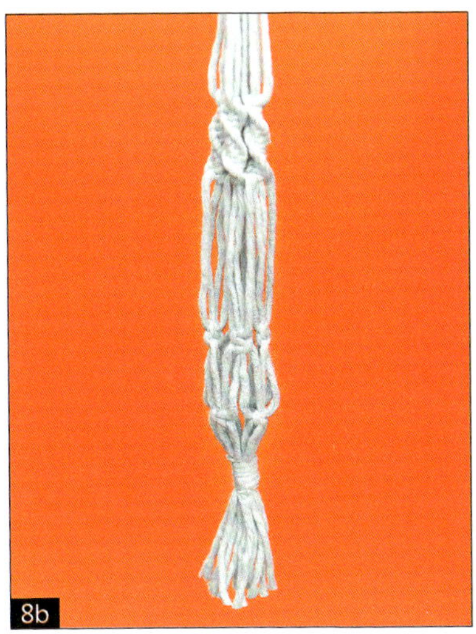
8b

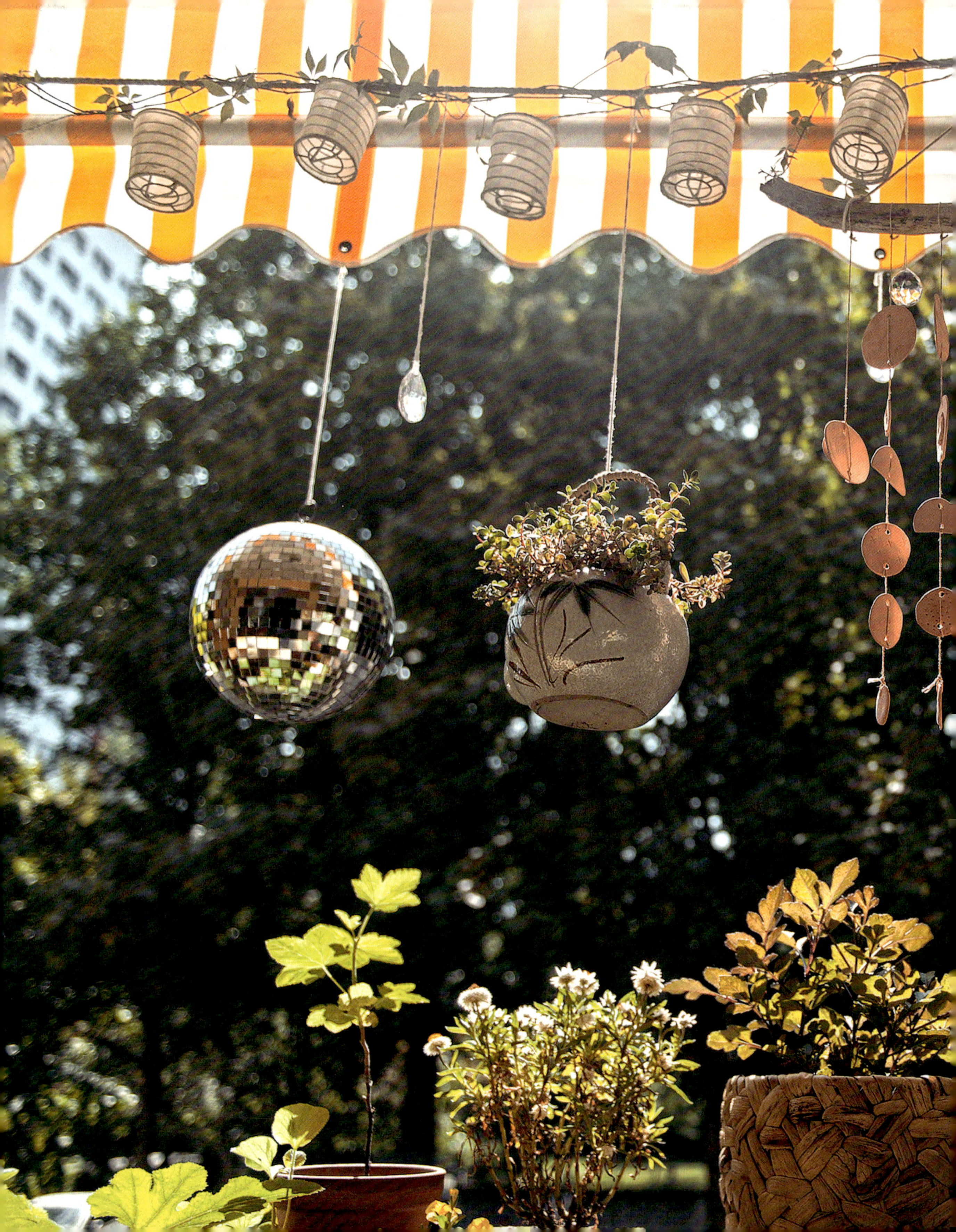

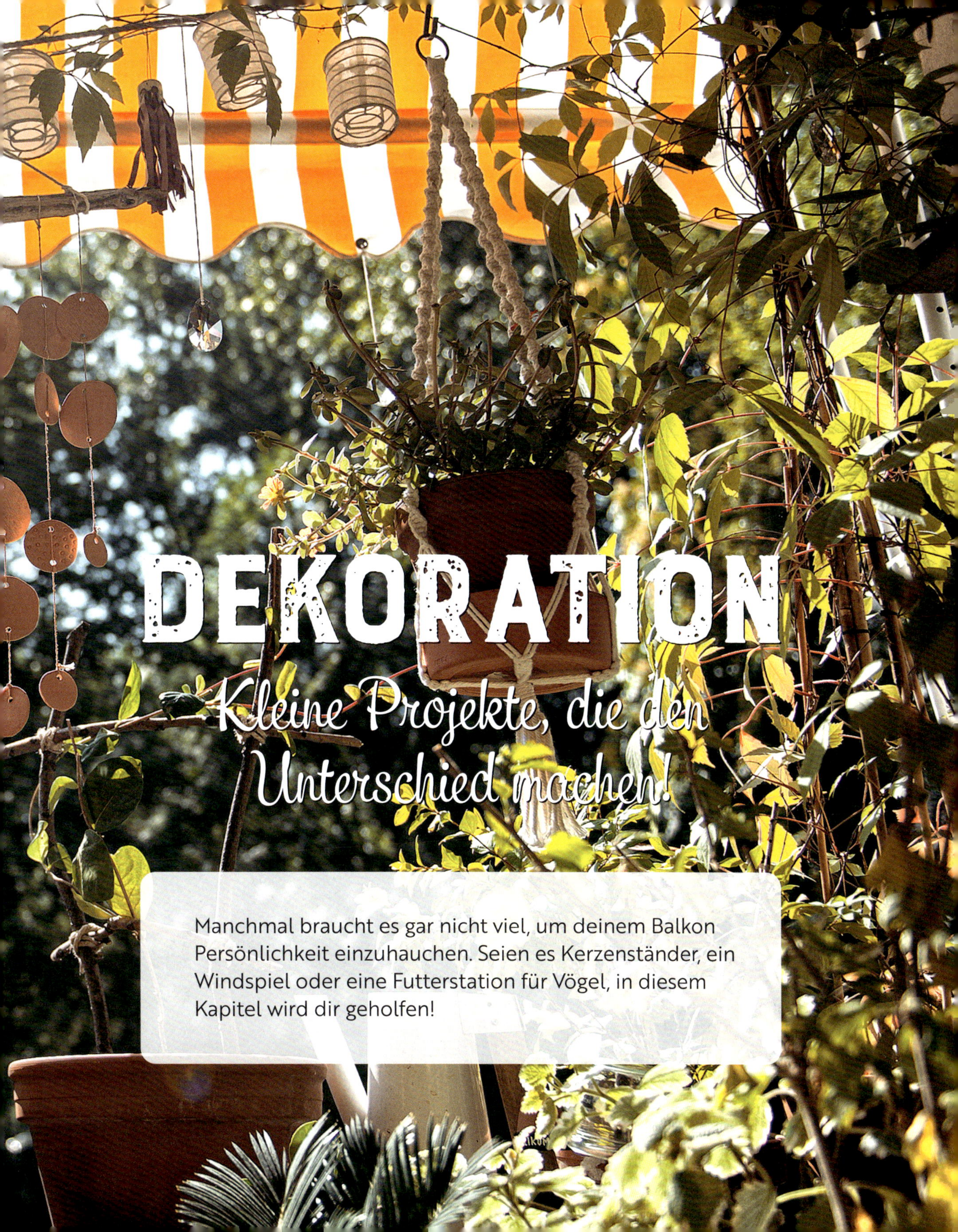

DEKORATION

Kleine Projekte, die den Unterschied machen!

Manchmal braucht es gar nicht viel, um deinem Balkon Persönlichkeit einzuhauchen. Seien es Kerzenständer, ein Windspiel oder eine Futterstation für Vögel, in diesem Kapitel wird dir geholfen!

MATERIALIEN

- Modelliermasse von FIMO (in verschiedenen Farben)
- Nudelholz
- Backpapier
- Skalpell / Cuttermesser
- Ausstechform
- Schleifpapier (grob & fein)

Untersetzer in Terrazzo-Optik

Terrazzo ist längst nicht mehr nur in der Küche gefragt.
Auch viele Deko-Objekte greifen den Terrazzo-Stil auf. In diesem Projekt zeige ich dir, wie du in kürzester Zeit Untersetzer im Terrazzo-Look hinbekommst.

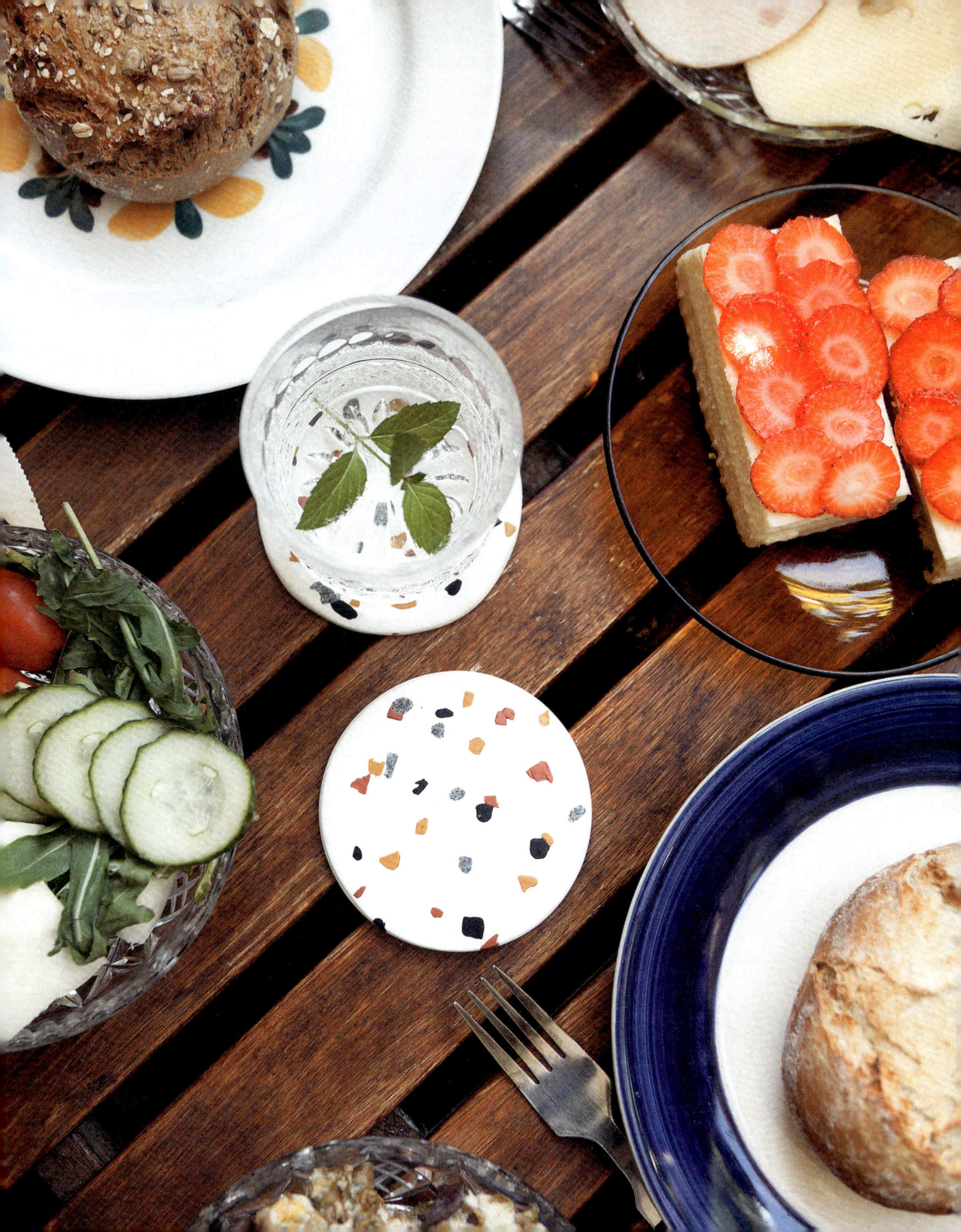

1. Als Erstes rollst du deine weiße FIMO-Masse zu einer Kugel und legst diese auf Backpapier 1a. Anschließend packst du ein weiteres Blatt Backpapier darüber. Dann rollst du die Masse wie einen Teig mit einem Nudelholz aus 1b.

Tipp: Um eine gleichmäßige Dicke zu bekommen, habe ich links und rechts 2 Trinkhalme aus Metall hingelegt, auf denen ich das Nudelholz aufsetzen konnte.

2. Nun schneiden wir mit einem Skalpell oder Cutter klitzekleine und unterschiedlich große Stückchen aus dem farbigen FIMO. **Tipp:** Achte dabei darauf, dass die Kanten der FIMO-Stücke schön scharf sind, damit du am Ende die perfekte „abgebrochener Stein"-Optik bekommst.

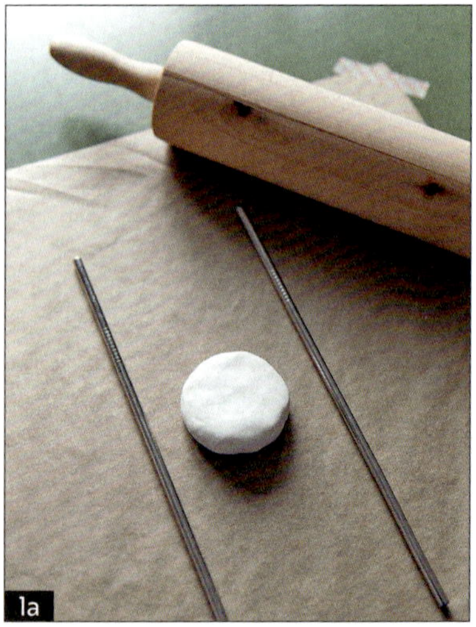

1a

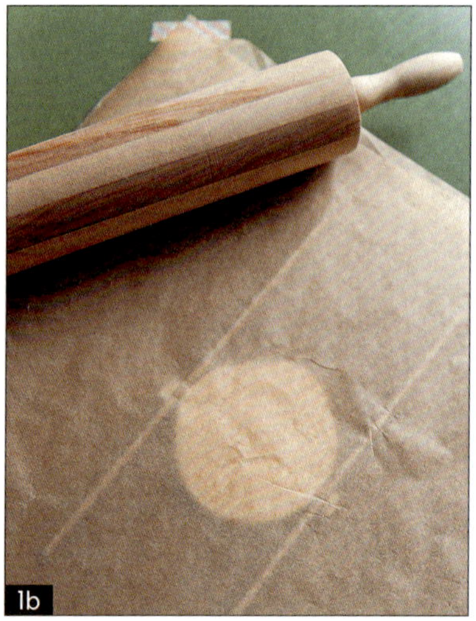

1b

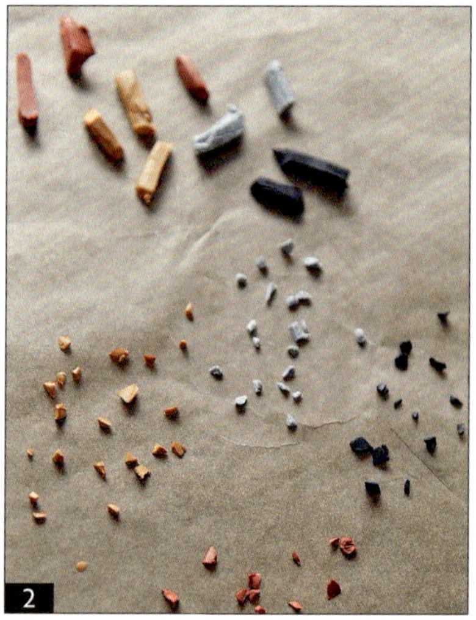

2

3. Jetzt platzierst du die Stücke nach Lust und Laune auf deinem weißen Untersetzer 3a, und rollst anschließend wieder mit Backpapier und Nudelholz darüber 3b. Die „Mini-Steinchen" werden dadurch in deinen Untersetzer gedrückt 3c.

4. Mit einem Deckel oder einer passenden Plätzchenform stichst du nun deinen Untersetzer aus. Ich habe dafür ein Skalpell und einen alten Honigdeckel benutzt!

5. Jetzt kommt das Ganze für 30 Minuten bei 110 Grad zum Aushärten in den Ofen.

6. Kleine Unebenheiten am Rand kannst du abschließend mit Schleifpapier bearbeiten. Erst Grob-, dann Feinschliff. Dann schnell noch matten, wasserfesten Klarlack darüber sprühen. Fertig!

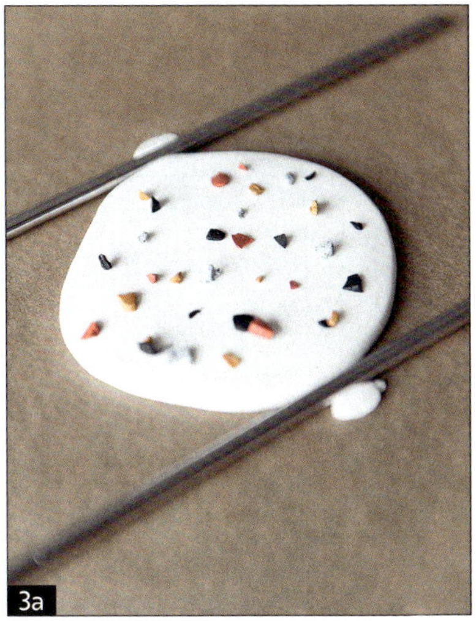
3a

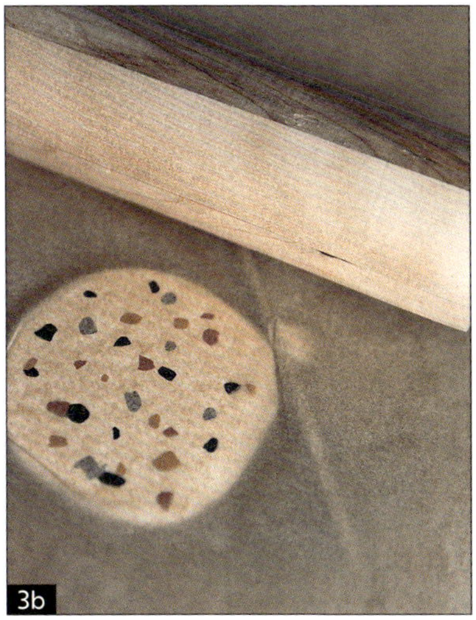
3b

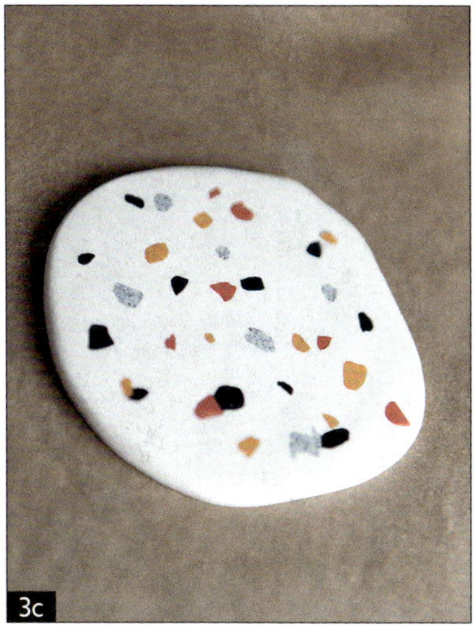
3c

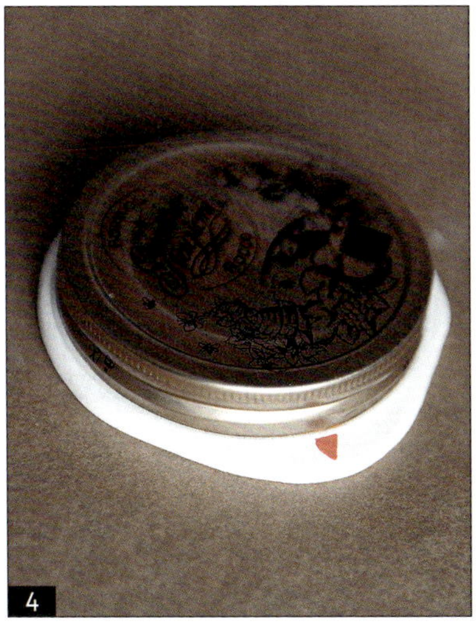
4

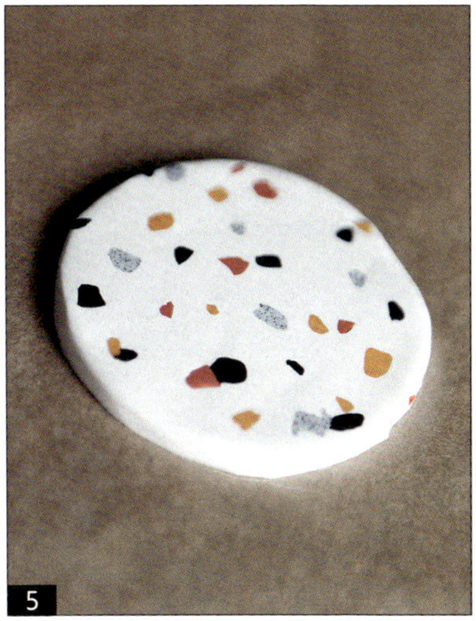
5

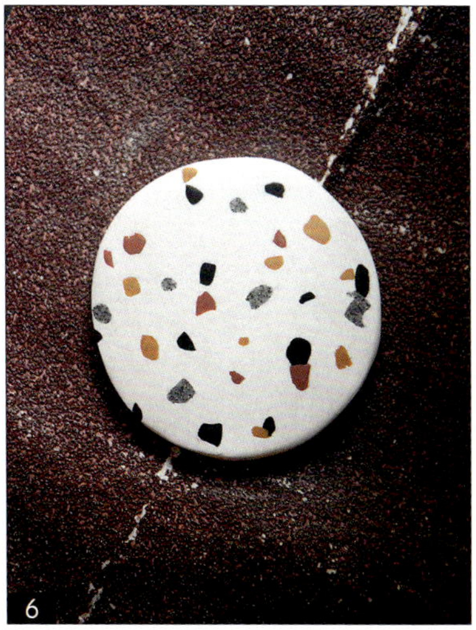
6

Label für Kräuter

Du suchst eine charmante Art, deine Kräuter auf dem Balkon oder der Terrasse zu beschriften? Dann ist dies der perfekte Moment, deine Schönschreib-Skills unter Beweis zu stellen. Gut aufgepasst: Hier kommt eine kleine Anleitung, damit du den Überblick im Pflanzen-Durcheinander behältst!

MATERIALIEN

- 4 Mini-Terrakotta-Töpfchen
- 4 Schaschlik-Spieße
- Kreidefarbe
- grobes Garn
- Kreppband

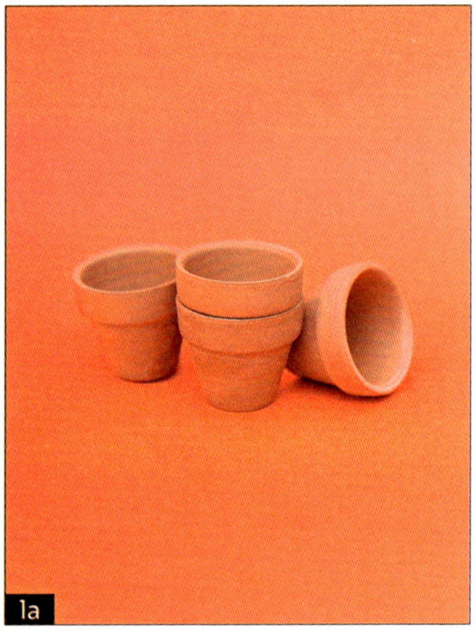

1a

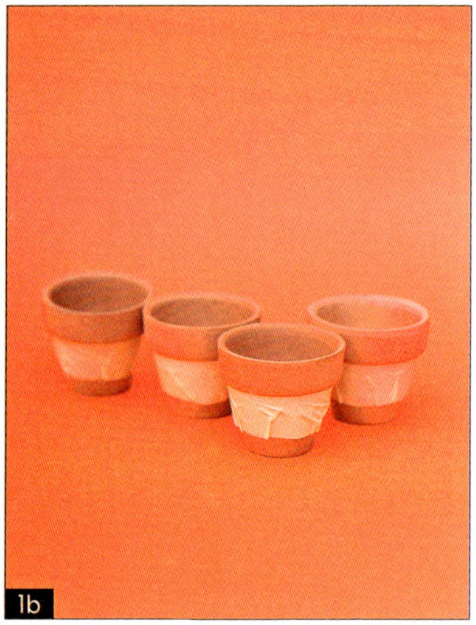

1b

1. Als Erstes startest du mit deinen kleinen Töpfchen 1a. Diese klebst du mit dem Kreppband ab, sodass die Oberkante frei bleibt 1b.

2. Im nächsten Schritt bepinselst du die Kante mit deiner (schwarzen) Kreidefarbe und lässt das Ganze trocknen.

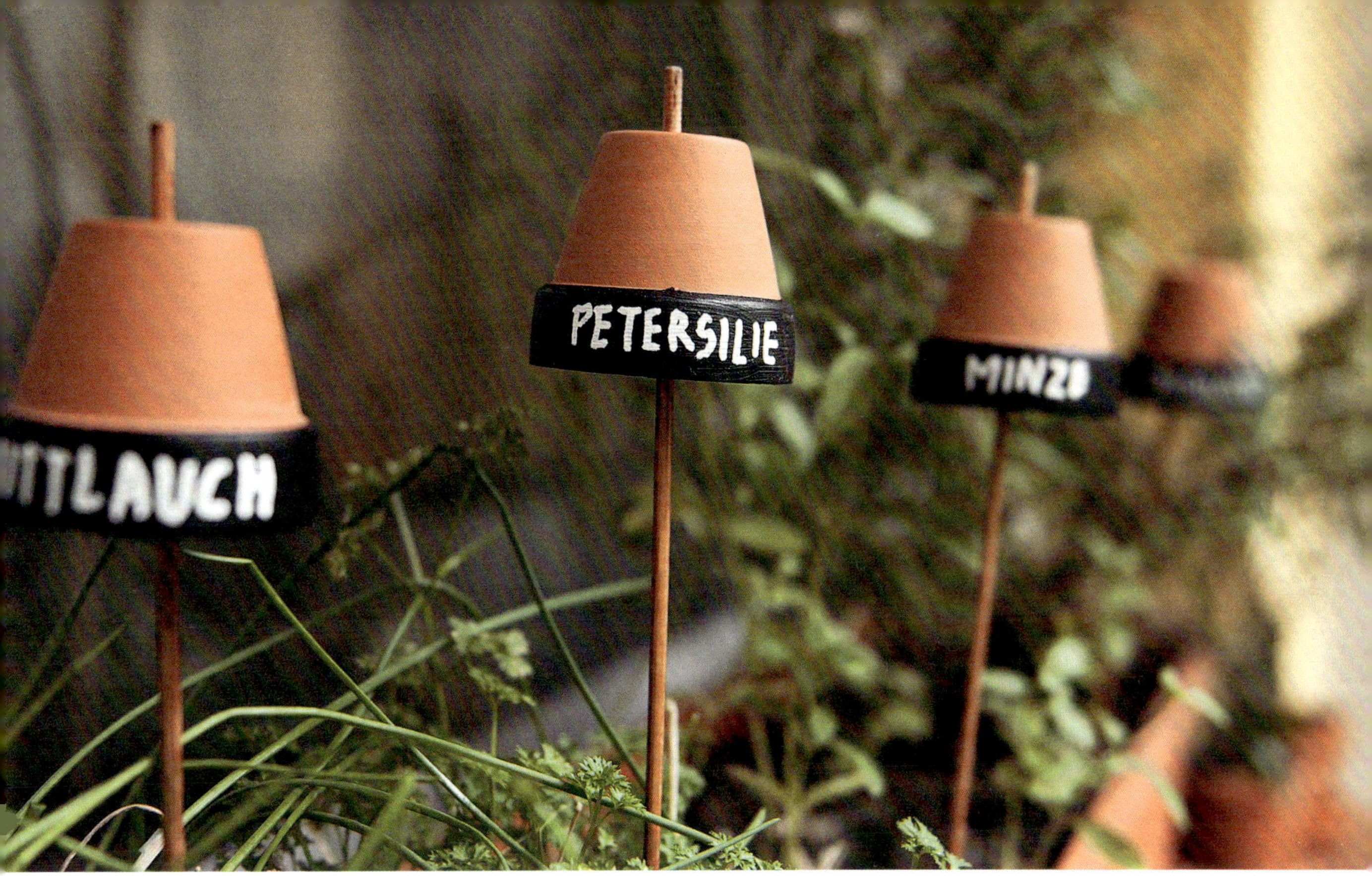

3. Währenddessen kannst du schon mal die Spieße mit ein wenig Garn umwickeln, sodass die Töpfchen nicht herunterrutschen können.
Tipp: Ich bin dann noch zweimal mit ein bisschen Lasur über die Stäbchen drüber, damit sie nicht so hell und „neu" aussehen.

Nun ziehen wir das Klebeband ab und können die Töpfchen mit den verschiedenen Kräuternamen beschriften. Hierfür benutze ich einen weißen Kreidestift. Solltest du keine ruhige Hand haben, lege ich dir eine Label-Maschine (siehe S.120, kleine Helferchen) ans Herz.

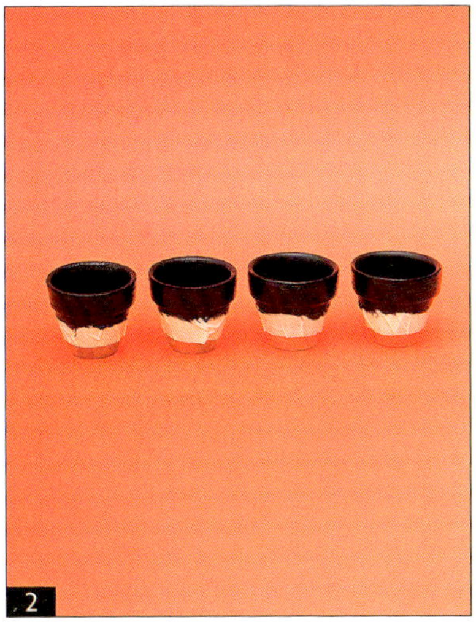

2

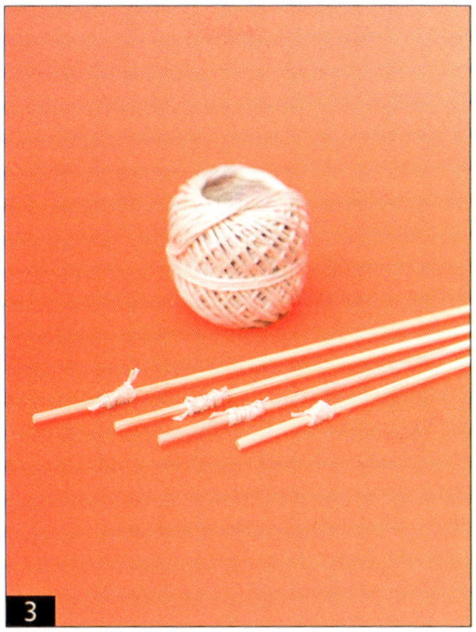

3

MATERIALIEN

- altes Geschirr (Tasse mit Henkel & Untertasse)
- sehr starker Kleber
- Garn deiner Wahl
- Vogelfutter
- wahlweise Kreppband

Vogelstation

Du bist tierlieb und freust dich, wenn du deine gefiederten Freunde auf deinem Balkon bewirten kannst? Perfekt! Und wenn du dann noch irgendwo altes Geschirr herumliegen hast, das zu schade ist, um es zu entsorgen – umso besser! Ich habe da ein klasse Tutorial für dich.

1. Diese Anleitung ist ziemlich unkompliziert: Nimm deinen Unterteller und gib einen großzügigen Klecks Kleber darauf.

2. Jetzt platzierst du darauf die Tasse, sodass es aussieht, als ob sie umgefallen wäre. Der Henkel sollte dabei nach oben zeigen und die Tasse verhältnismäßig mittig sitzen. Jetzt heißt es abwarten! Ich habe meine Tasse über Nacht trocknen lassen.

Nun führst du noch einen Faden als Aufhänger durch den Henkel und befüllst deine Station mit einem Vogelfutter deiner Wahl. Fertig!

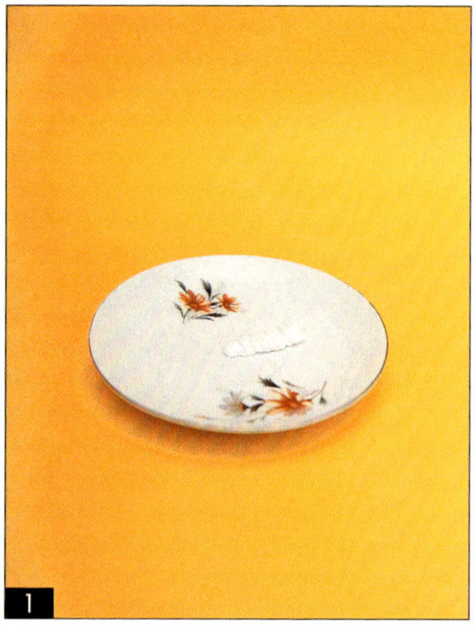

1

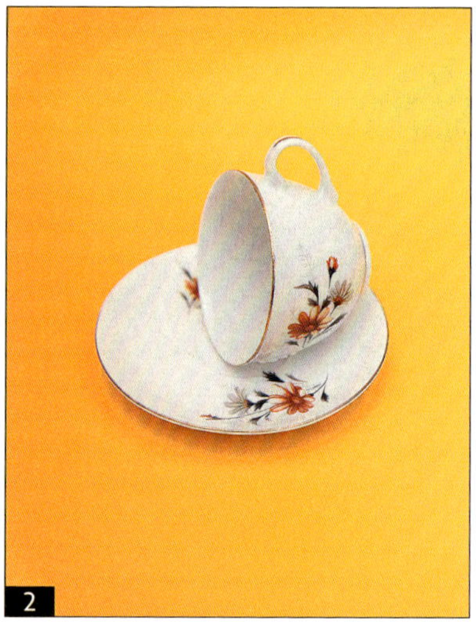

2

Tipp: Damit deine Tasse auch in der Position trocknet, die du willst, kannst du sie mit ein wenig Kreppband fixieren.

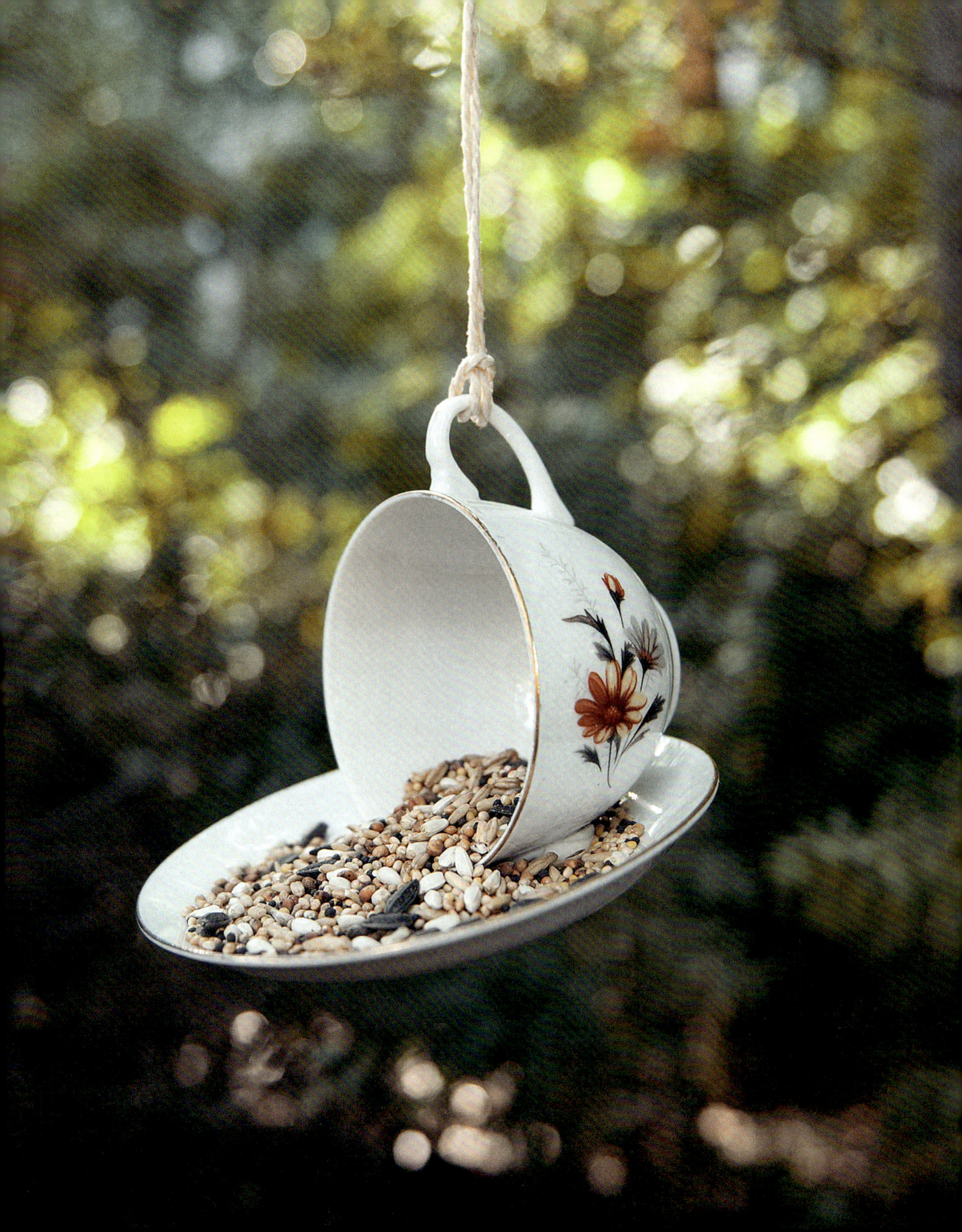

MATERIALIEN

- Modelliermasse von FIMO (in 3 verschiedenen Farben)
- Skalpell / Cuttermesser
- Kerze
- Klarlack

Kerzenständer in Marmor-Optik

Für das nächste Projekt habe ich mir Unterstützung von meiner tollen Freundin Sarah (Instagram: **@brond.er**) geholt! Sie ist Illustratorin und arbeitet zusätzlich gerne mit FIMO. Im folgenden DIY zeigt sie dir, wie du ganz einfach einen wunderschönen Kerzenständer in Marmor-Optik zauberst.

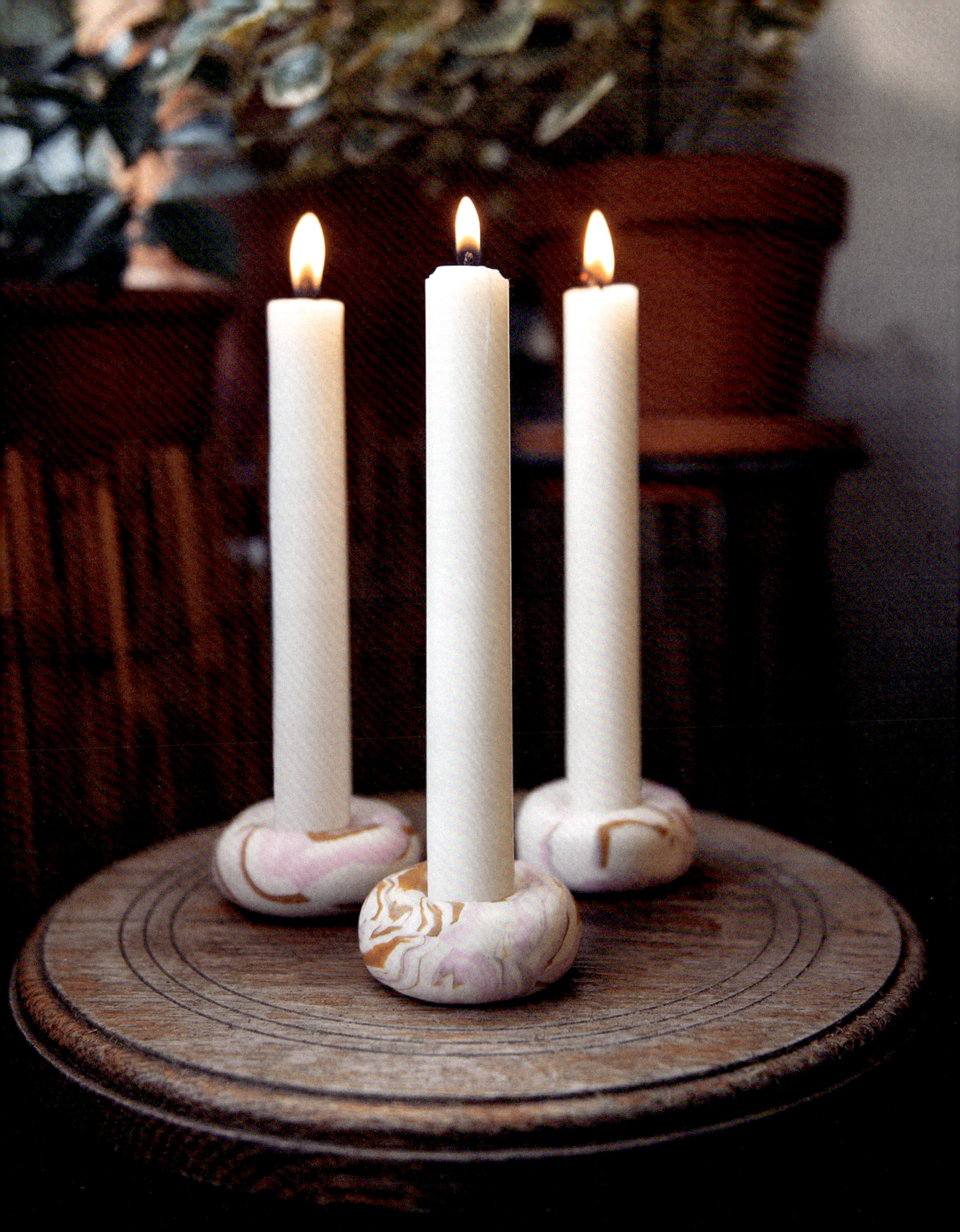

1. Zunächst schneidest du aus der bunten FIMO-Masse mit einem Cutter ein paar Stücke heraus.

2. Diese „Splitter" platzierst du nun auf der weißen Grundmasse. Vergiss dabei auch die Rückseite nicht. Wenn es aussieht wie eine große Süßigkeit, in die man am liebsten reinbeißen will, bist du genau auf dem richtigen Weg!

3. Jetzt rollst du alles vorsichtig zu einer Wurst aus 3a und drehst diese anschließend langsam 3b.

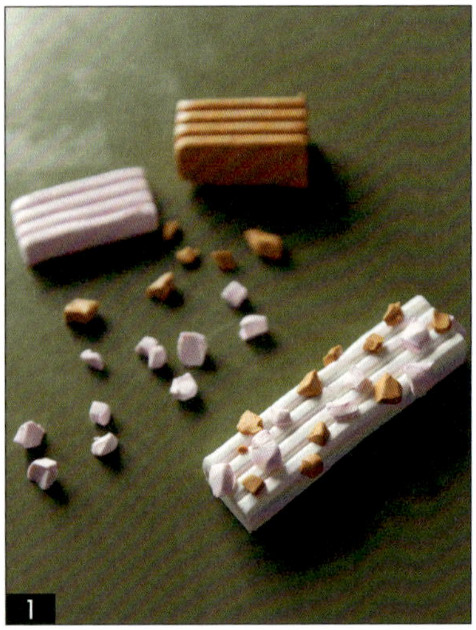
1

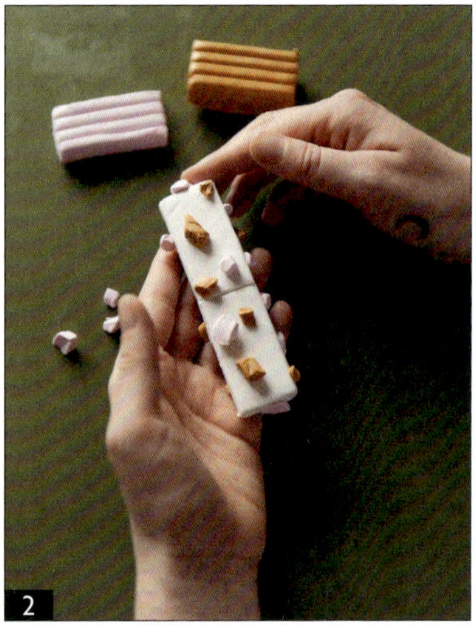
2

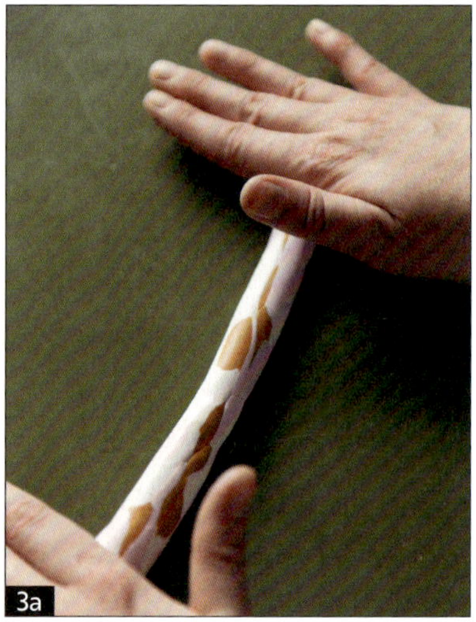
3a

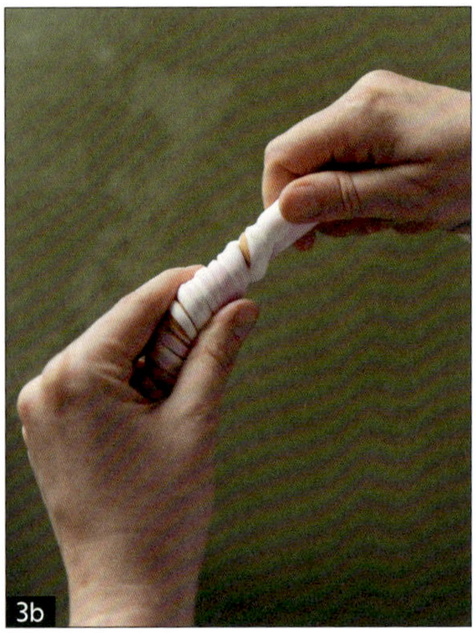
3b

4. Hast du das geschafft, rollst du die gedrehte FIMO-Wurst zu einem kleinen Haufen zusammen.

5. Nun formst du daraus eine runde Kugel 5a und drückst sie flach 5b.

6. Zu guter Letzt drücken wir in die Mitte mit der Kerze unserer Wahl eine Vertiefung in unseren Ständer, sodass es aussieht wie ein Minidonut 6a. Fix noch matter Klarlack drüber und fertig 6b!

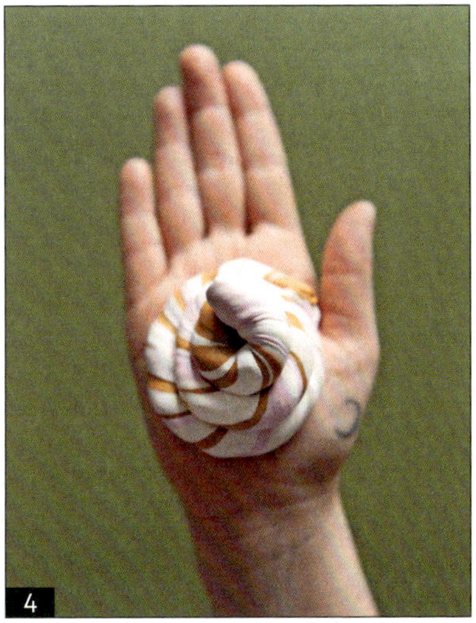
4

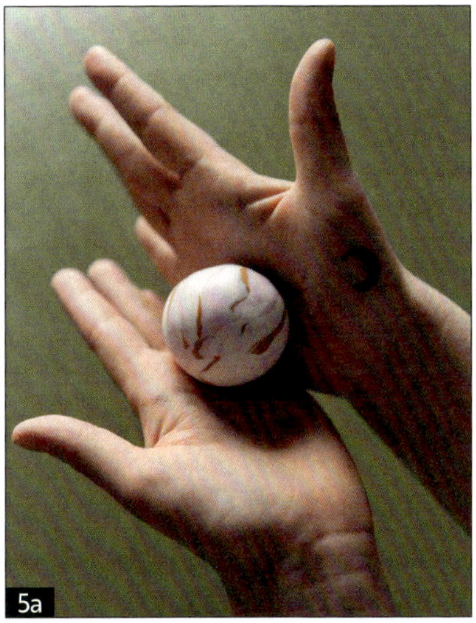
5a

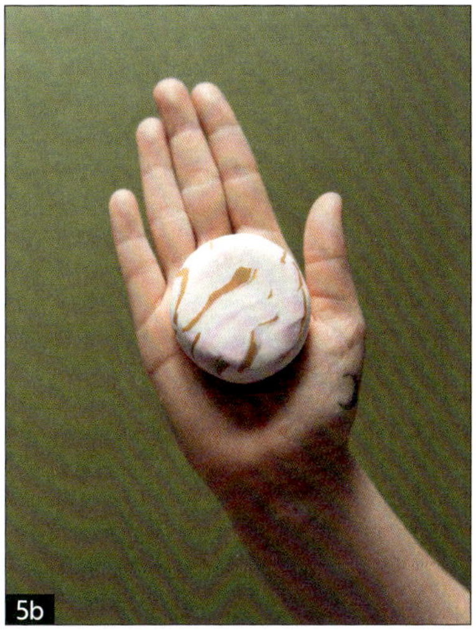
5b

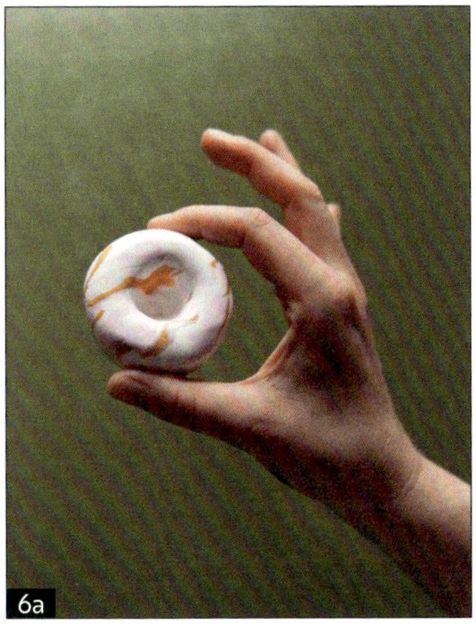
6a

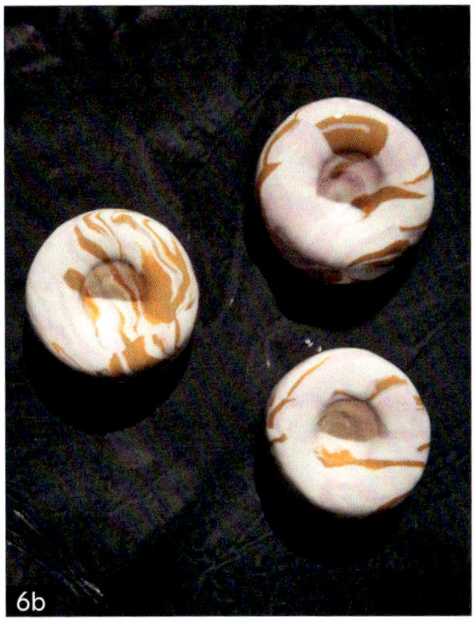
6b

MATERIALIEN

- Ton (lufttrocknend)
- Nudelholz
- Skalpell
- verschiedene Formen zum Ausstechen
- Strohhalm
- Schleifpapier
- Klarlack (matt, wetterbeständig)
- Garn
- Ast

Windspiel

Der Balkon ist ein Ort der Entspannung und was gibt es Besseres, als mit einer Tasse Kaffee im Freien zu sitzen und dem Wind zu lauschen, wie er durch die Blätter in den Bäumen und dein neues Windspiel rauscht.

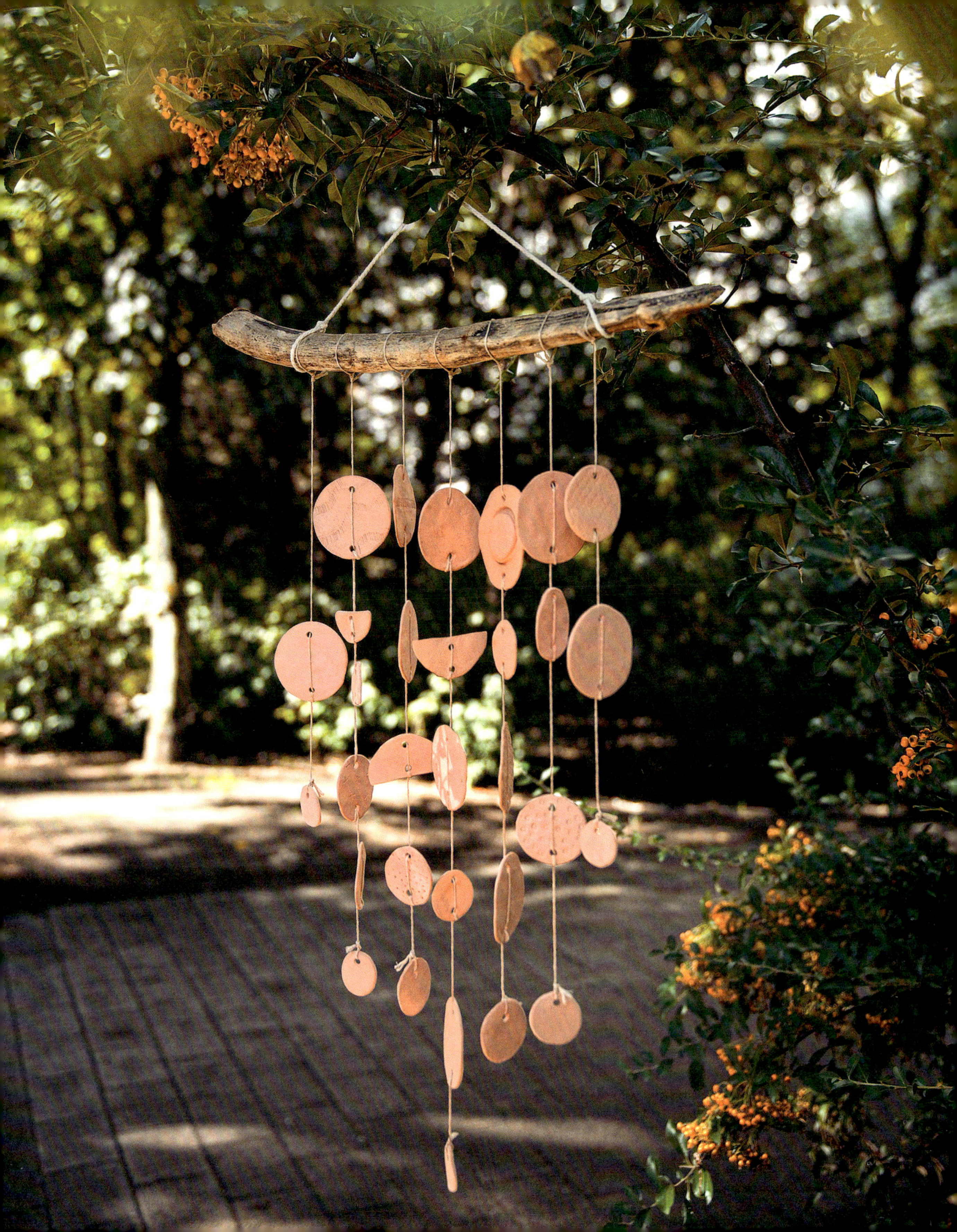

1. Du beginnst mit deinem Ton 1a, reißt einen Fetzen ab und rollst diesen mit einem Nudelholz aus 1b. Die Dicke bleibt dir überlassen. Für mein Windspiel bin ich so bei 4 bis 5 mm gelandet!

2. Nun ist's wie beim Plätzchenbacken und du kannst kreativ werden. Schneide oder steche aus deinem Ton verschiedene Formen aus 2a. Egal ob groß, klein, rund, eckig, mondförmig oder was auch immer 2b. Die Regel ist, es gibt keine Regel. Für mein Windspiel habe ich um die 30 Formen angefertigt.

Tipp: Ich habe eine Auswahl von Deckeln als Vorlage benutzt und diese mit einem Skalpell ausgeschnitten. Ich wette aber, Plätzchenformen würden sich auch super dafür eignen.

3. Jetzt kannst du deine Tonformen noch verzieren. Auch hier sind deiner Kreativität keine Grenzen gesetzt. Ich habe weiter mit meinem Skalpell gearbeitet und beidseitig verschiedene Muster in die Formen gepikst.

Tipp: Du kannst z. B. auch Formen aufeinanderlegen und verbinden oder andere Gegenstände mit coolen Mustern drauf pressen! Ich lasse mich überraschen, was dir Tolles einfällt!

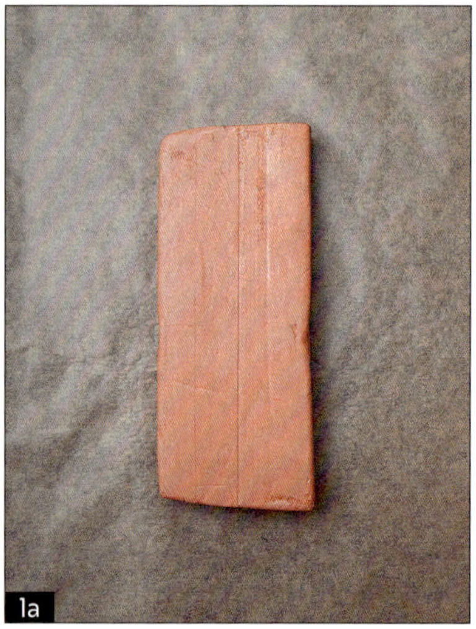
1a

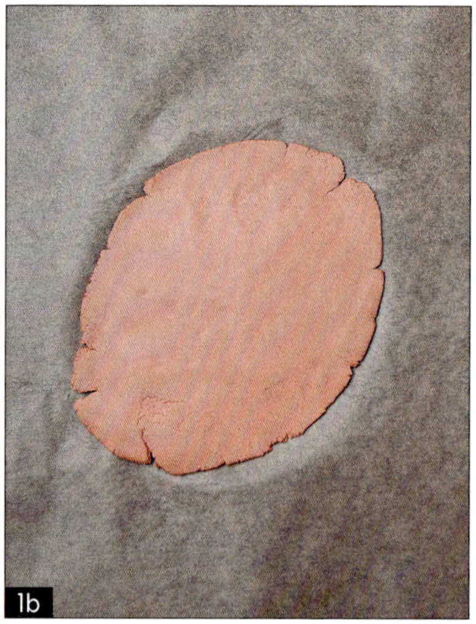
1b

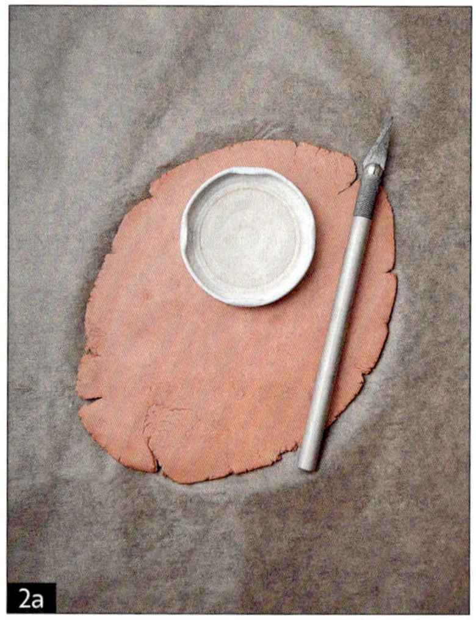
2a

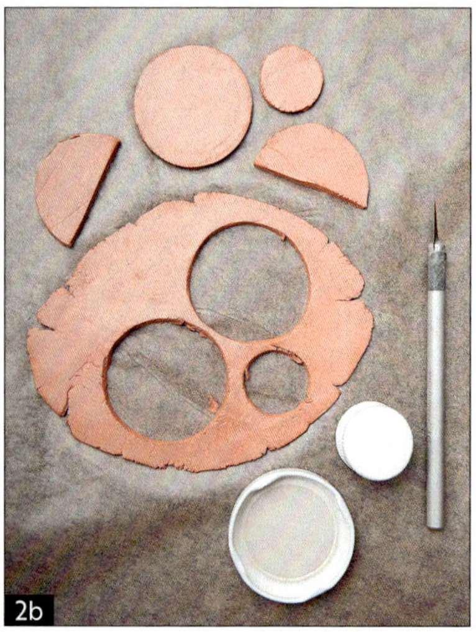
2b

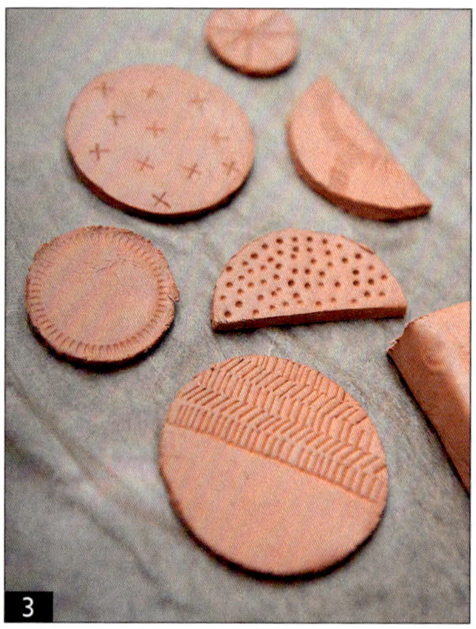
3

4. Mit einem Strohhalm stichst du vorsichtig je ein Loch oben und unten in jede Form, an denen du sie später aufhängen kannst. Das letzte Stück, das den Strang unten abschließt, erhält nur ein Loch oben.

Tipp: Mir hat es geholfen, an dieser Stelle schon mal mein grobes Layout auszulegen, damit ich weiß, wie das Ganze am Ende zusammen aussehen wird.

5. Jetzt heißt es abwarten. Der Ton muss nun trocknen. Du erkennst den richtigen Trocknungsgrad daran, dass er nun wesentlich heller aussieht 5a.

Tipp: Da Geduld nicht meine Stärke ist, habe ich ihn bei 100 Grad in den Ofen gepackt, das Beste gehofft und immer mal nachgeschaut. Das hat aber auch über eine Stunde gedauert 5b.

6. Wenn alles schön getrocknet ist, nimmst du dir feines Schleifpapier und rundest die Kanten deiner Stücke vorsichtig ab. So kannst du auch kleine Fehler ganz einfach begradigen und gibst dem Ganzen den letzten Schliff!

Tipp: An dieser Stelle könntest du natürlich auch noch kreativer sein und mit Pinsel und Farbe ein paar Akzente setzen!

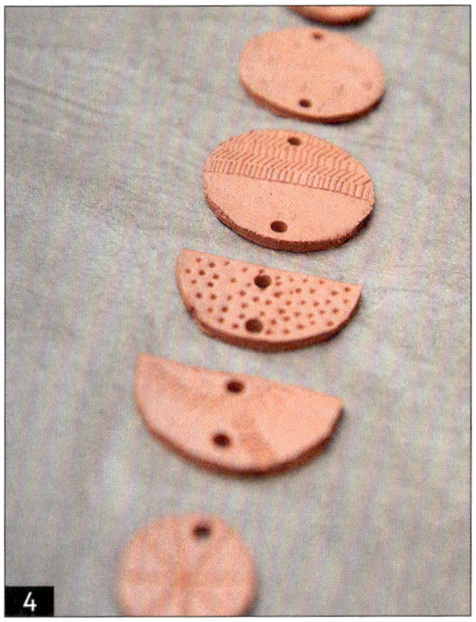
4

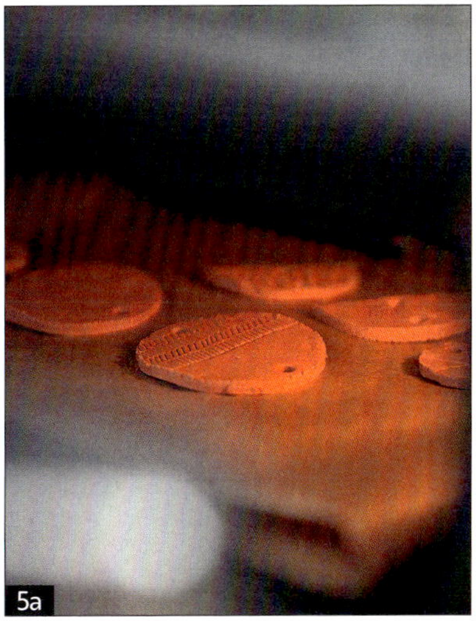
5a

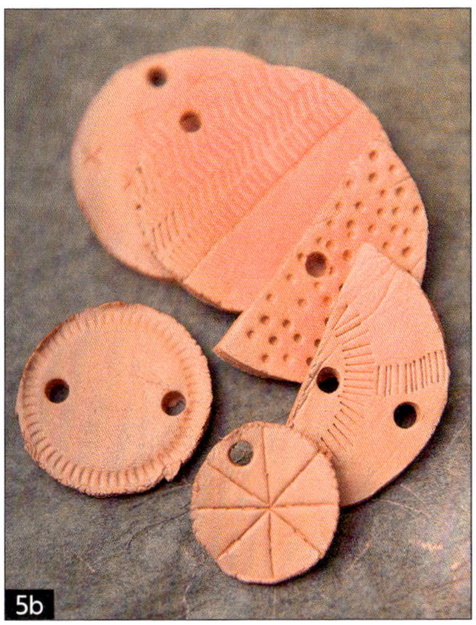
5b

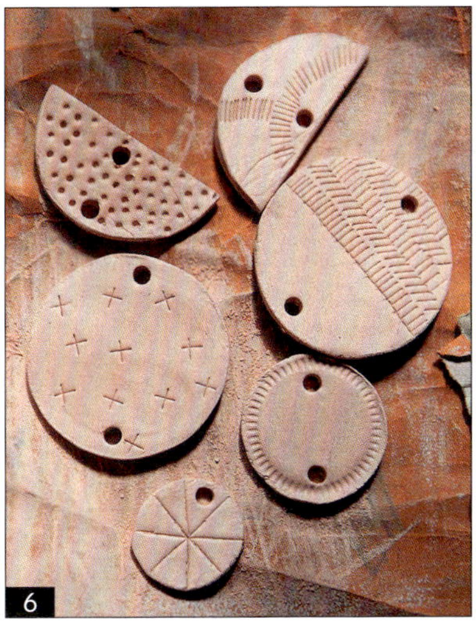
6

7. Da das Windspiel zumindest ein wenig wetterbeständig sein soll, habe ich die Formen noch mit einem wetterfesten, matten Klarlack eingesprüht. Natürlich draußen, mit Maske und auf einer geeigneten Unterlage! Auch den Lack lässt du gut einziehen.

8. Endspurt! Nun nimmst du dir ein Garn deiner Wahl und fädelst deine Formen daran auf 8a, so wie ich es dir im Bild zeige. Oben ruhig ein bisschen Raum lassen, denn dort bindest du jeden Strang anschließend an den Ast 8b! Oben kommt noch eine Schnur als Aufhängung dran und nun heißt es, entspannt den Klängen lauschen!

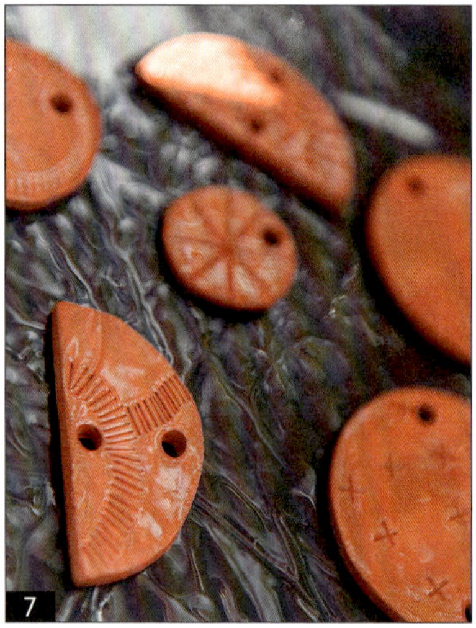
7

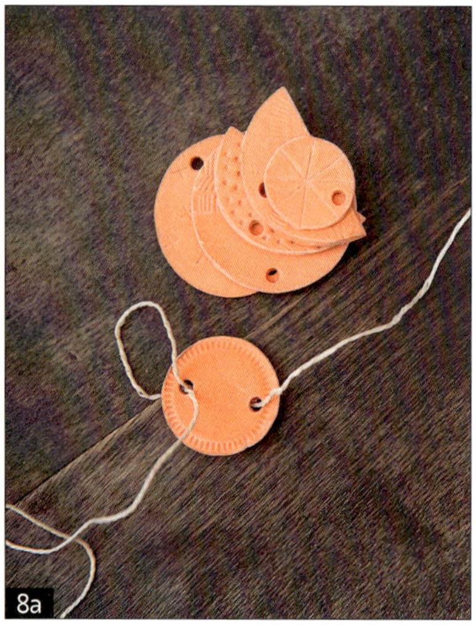
8a

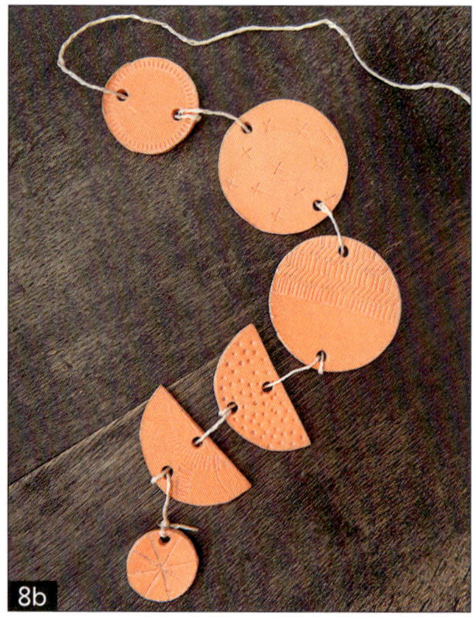
8b

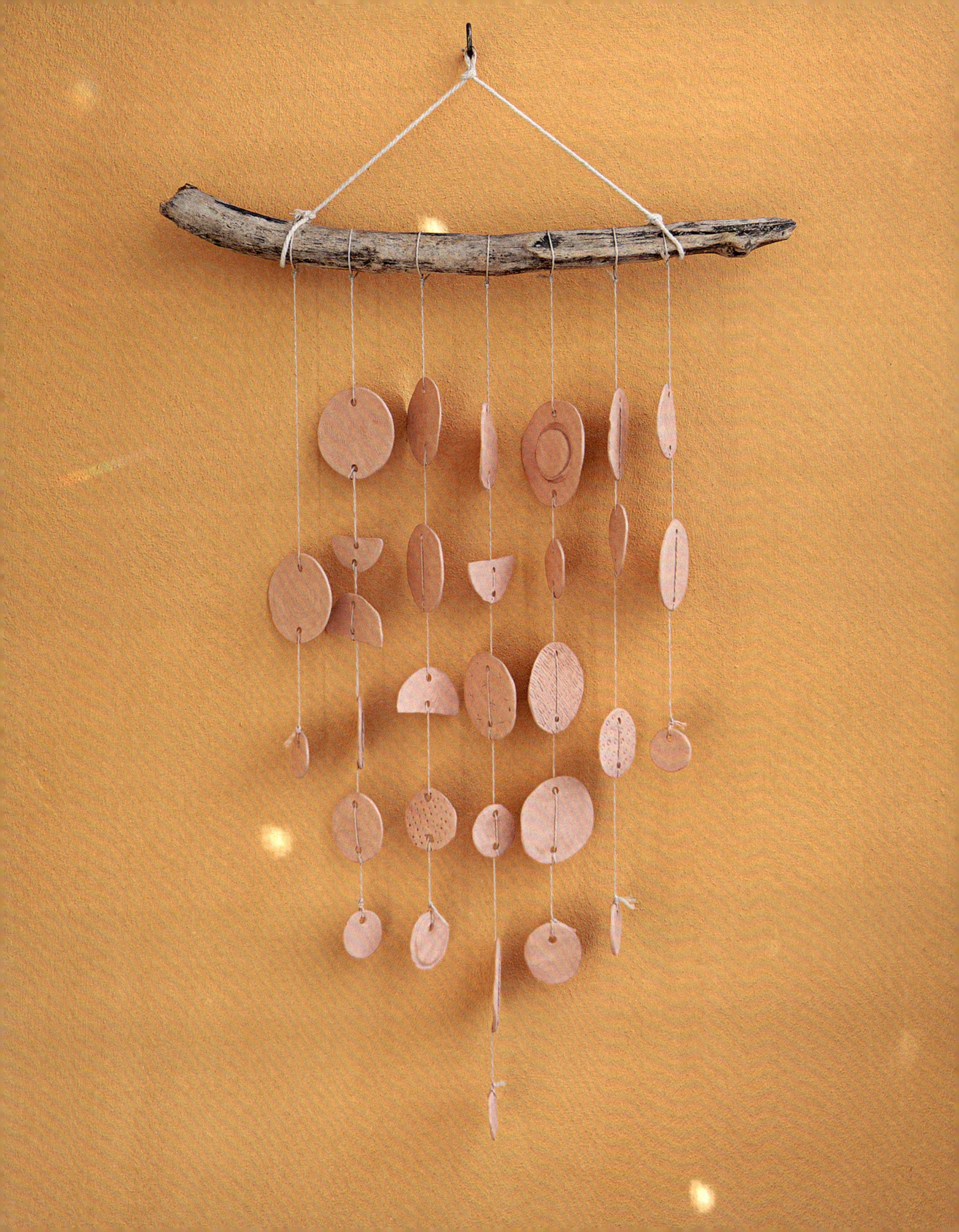

MATERIALIEN

- 3 Farben Makramee-Garn
- Kupferdraht
- Maßband
- Schere
- Zange
- Kamm
- Nadel (groß & klein)
- starker Nähfaden

Regenbogen

Mit diesem DIY bringst du im wahrsten Sinne des Wortes Farbe ins Spiel. Und was repräsentiert am besten die Vielfältigkeit des Lebens? Der Regenbogen. Hier das Tutorial zu dieser süßen Deko-Idee!

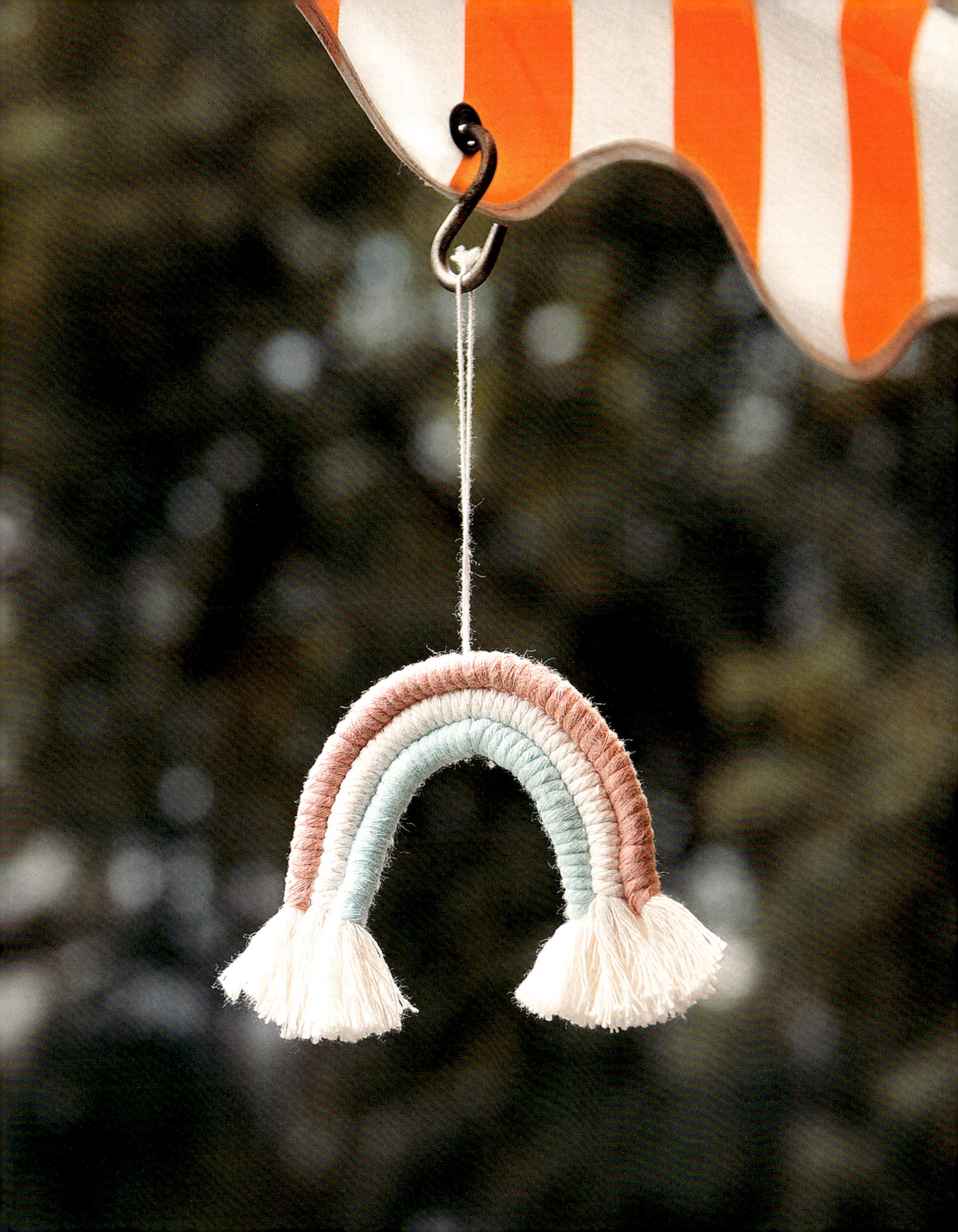

1. Nimm dir dein weißes Garn und schneide 5 Stücke von jeweils 25 cm Länge. Vom Kupferdraht benutzt du dieselbe Anzahl und Länge und legst Faden und Draht zusammen.

2. Im nächsten Schritt schneidest du ein 1,25 m langes Stück weißes Garn ab und wickelst es um deine Draht- und Garnstücke aus Schritt 1 2a. Lasse dabei am Anfang einen Abstand von ca. 3 cm 2b.

3. Wenn ungefähr 3 cm Abstand zum Ende sind bzw. sich dein Wickelseil dem Ende neigt 3a, nimmst du deine große Nadel, fädelst sie durch dein Seil und steckst dieses durch die letzten 3–4 Schlaufen 3b. Festziehen, abschneiden. 1 von 3 geschafft!
Tipp: Wenn du die Nadel nicht gut durchbekommst, ziehe einfach mit einer Zange, das hat mir absolut geholfen!

4. Genau dieselbe Prozedur wiederholst du nun noch zwei Mal allerdings mit neuen Abmessungen:
5 Stücke weißes Garn (20 cm) und 5 Stücke Draht (20 cm) umwickelst du mit 1,20 m hellblauem Garn.
5 Stücke weißes Garn (30 cm) und 5 Stücke Draht (30 cm) umwickelst du mit 1,30 m Pastell-Rosa Garn.
Tipp: Du kannst alle 3 Würstchen noch mal auf dem Tisch rollen, falls sie noch uneben sind. So gleichen sie sich ein wenig aus.

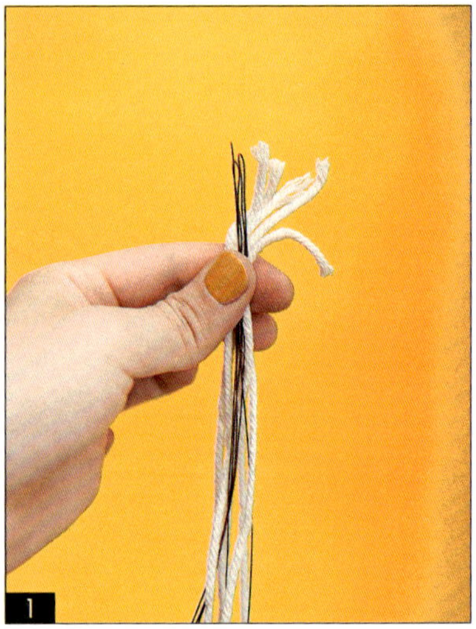
1

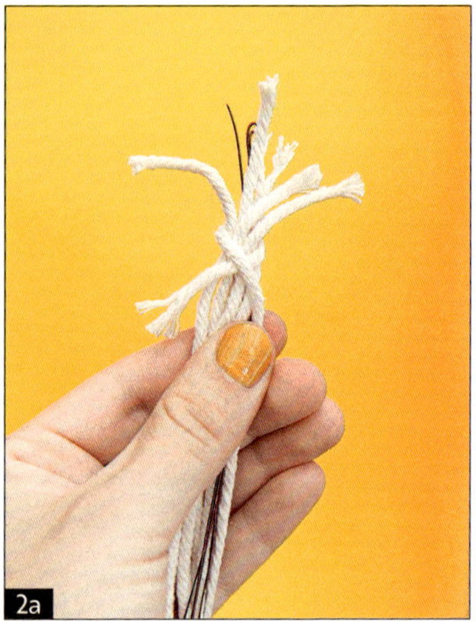
2a

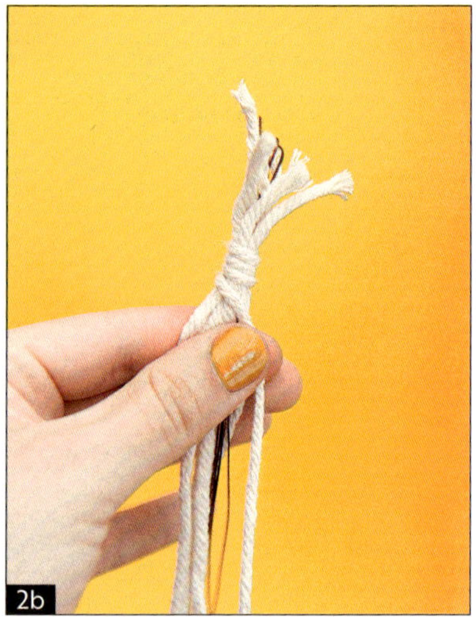
2b

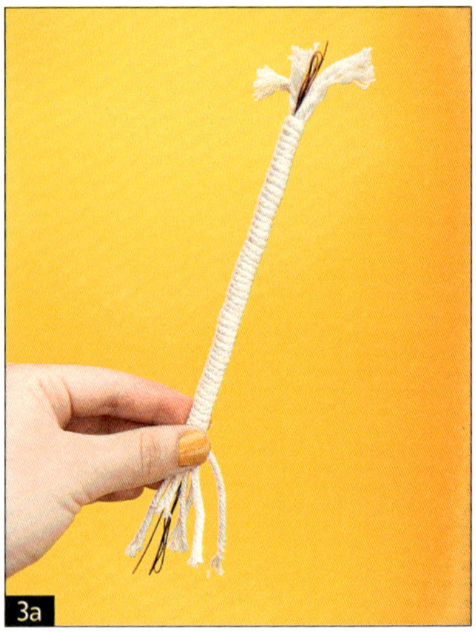
3a

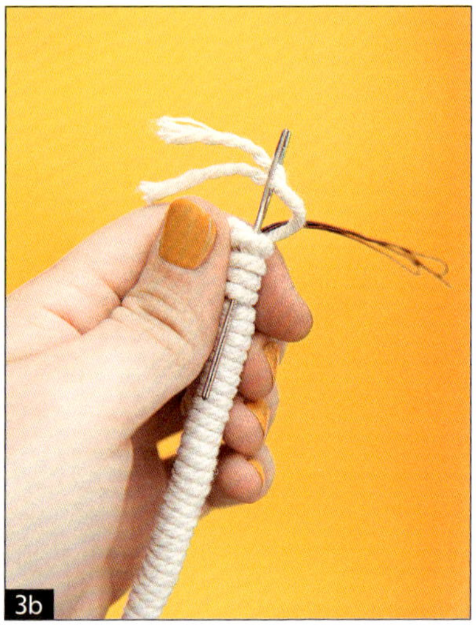
3b

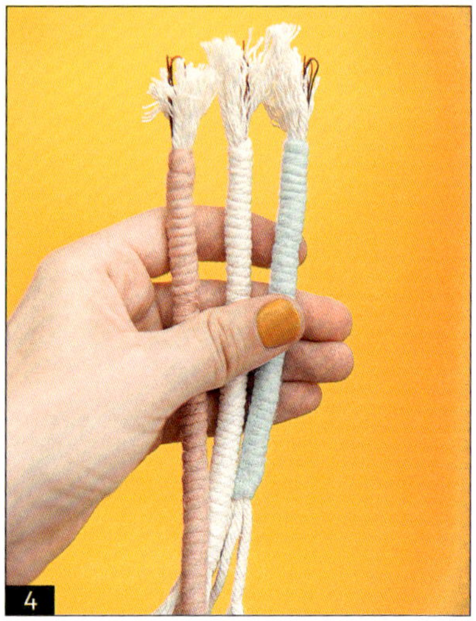
4

5. Jetzt nimmst du dir deine dünnere Nadel und einen robusten Faden und stichst in die Mitte der Bögen. Du musst durch jeden einzelnen durch, bis du auf der anderen Seite rauskommst 5a. Indem du anschließend wieder mit der Nadel zurück stichst (knapp neben der Stelle an der du rausgekommen bist), hast du die 3 Regenbögen jetzt an einer Stelle miteinander verbunden! Das Ganze schließt du mit einem Doppelknoten ab 5b.

6. Auch in die beiden losen Enden kommt noch ein Knoten, der als Aufhängung dienen wird.

7. Das gleiche Prinzip wiederholst du jetzt an der linken und rechten Seite des Regenbogens. Dort brauchst du aber natürlich keine Aufhängung, kannst das Seil also nach dem ersten Knoten einfach abschneiden.

8. Den kompliziertesten Teil hast du nun erledigt. Jetzt noch fix mit einer guten Schere die Draht-Überreste abknipsen 8a, die Enden auf die gleiche Länge stutzen und zu guter Letzt auskämmen 8b!

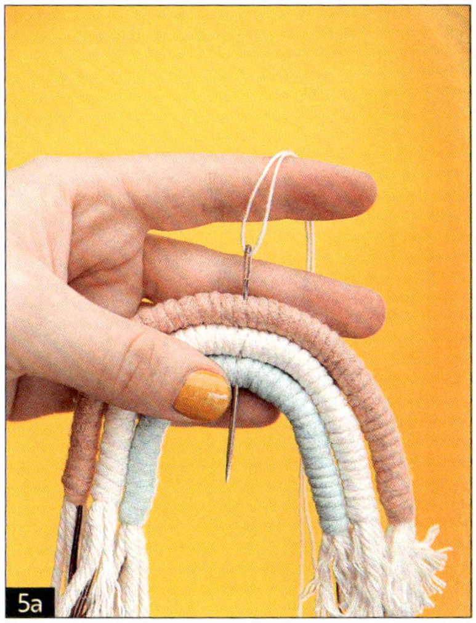
5a

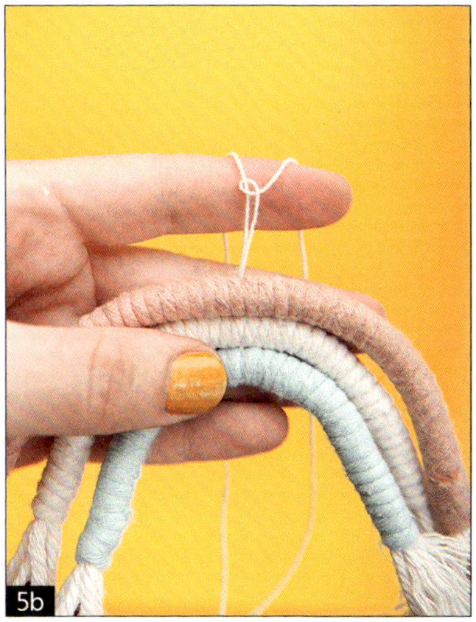
5b

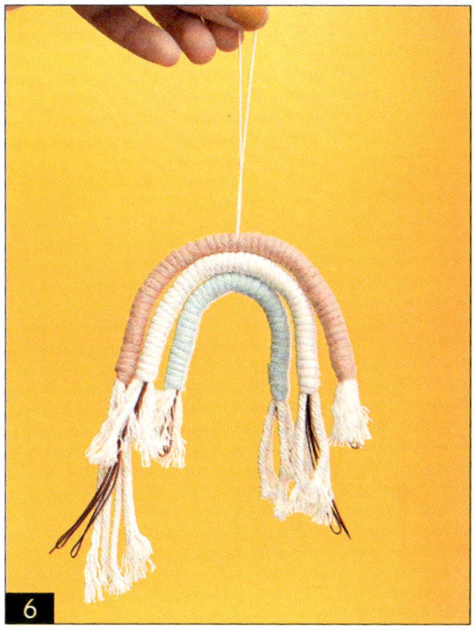
6

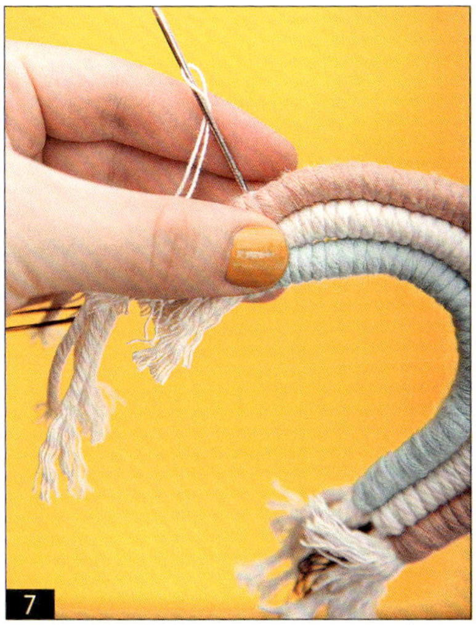
7

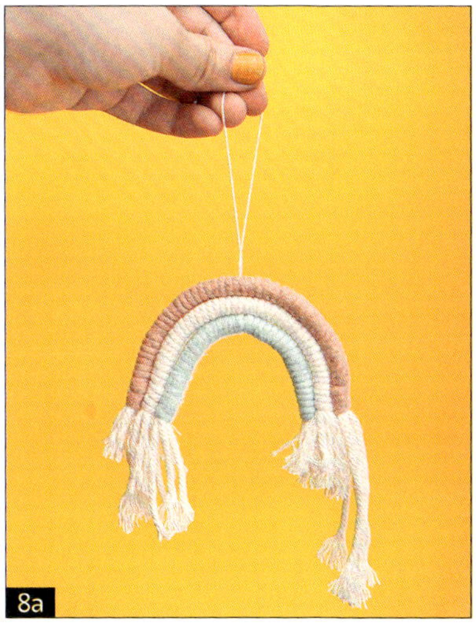
8a

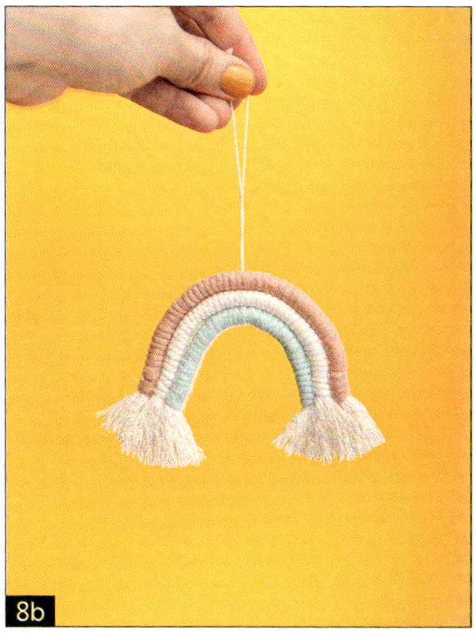
8b

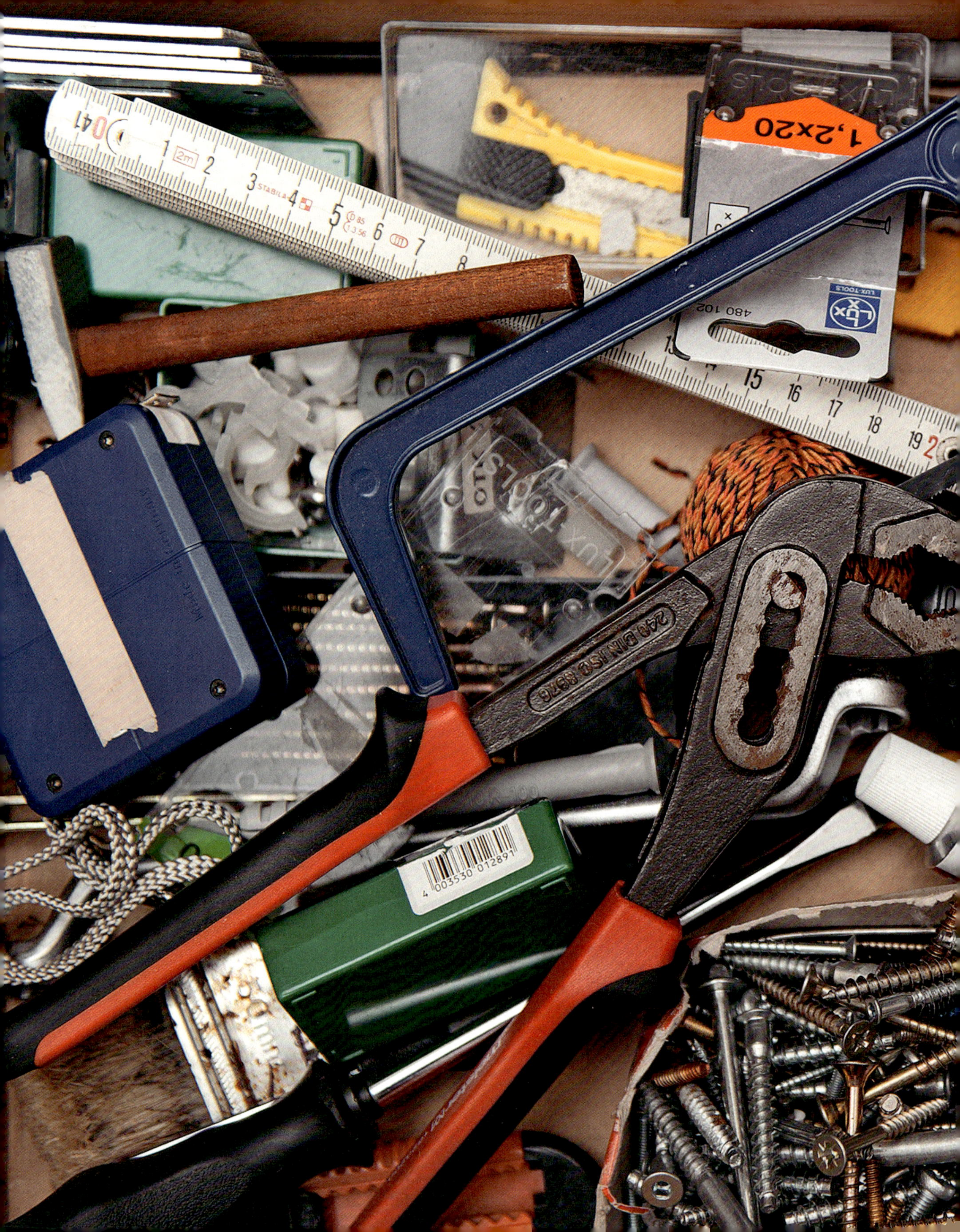
1,2x20
STABILA
480 102
LUX-TOOLS
240 DIN ISO 8976

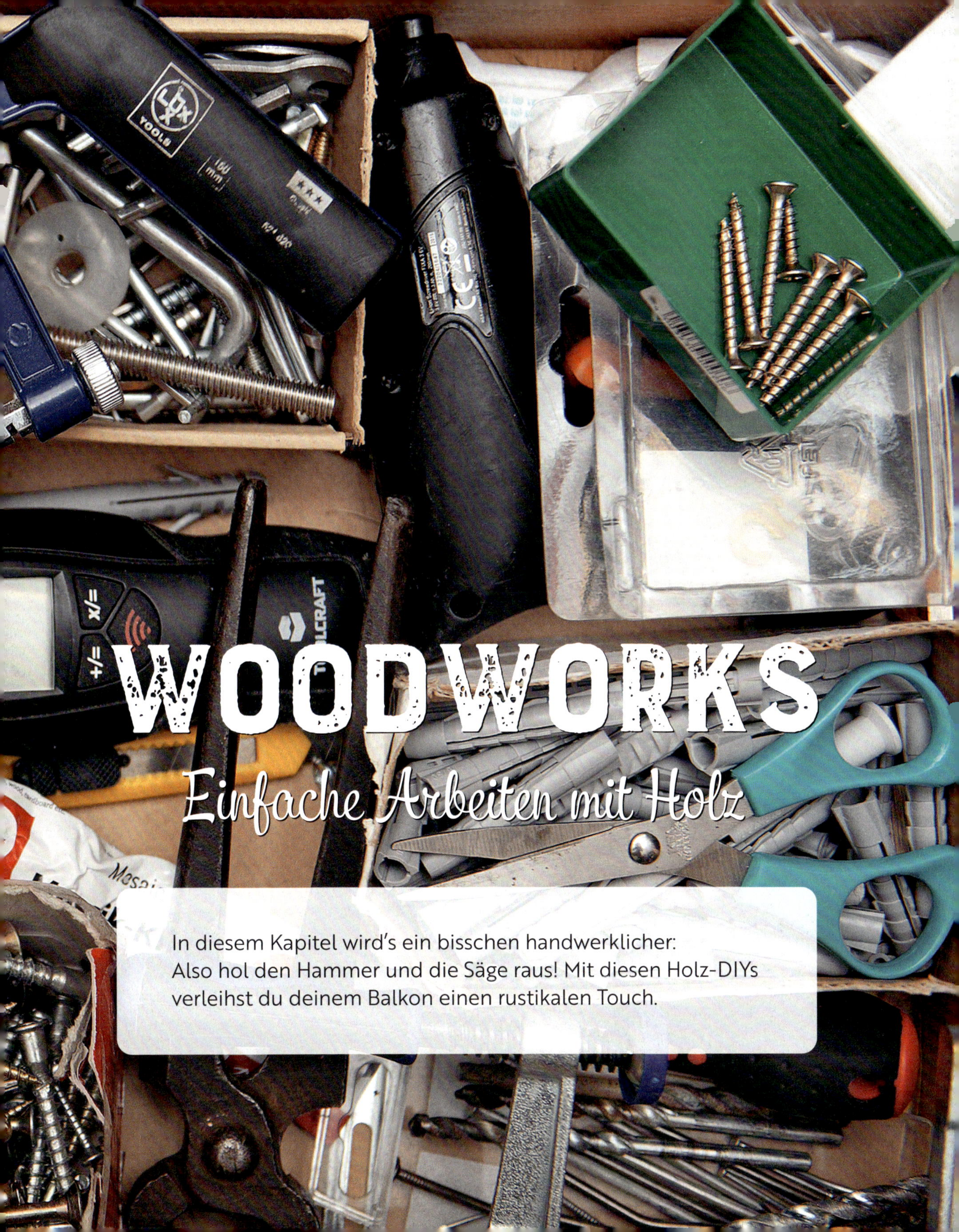

WOODWORKS

Einfache Arbeiten mit Holz

In diesem Kapitel wird's ein bisschen handwerklicher: Also hol den Hammer und die Säge raus! Mit diesen Holz-DIYs verleihst du deinem Balkon einen rustikalen Touch.

MATERIALIEN

- Brett (20 cm x 1,20 m)
- Schleifpapier (grob)
- Seil (4,00 m)
- wahlweise eine schöne Lasur (Teak)

Kräuterregal

Petersilie, Basilikum, Schnittlauch und Co finden hier ihre neue Heimat. Für ein super einfaches Hängeregal für deine Kräuter-Töpfchen oder Ähnliches brauchst du nicht viel.

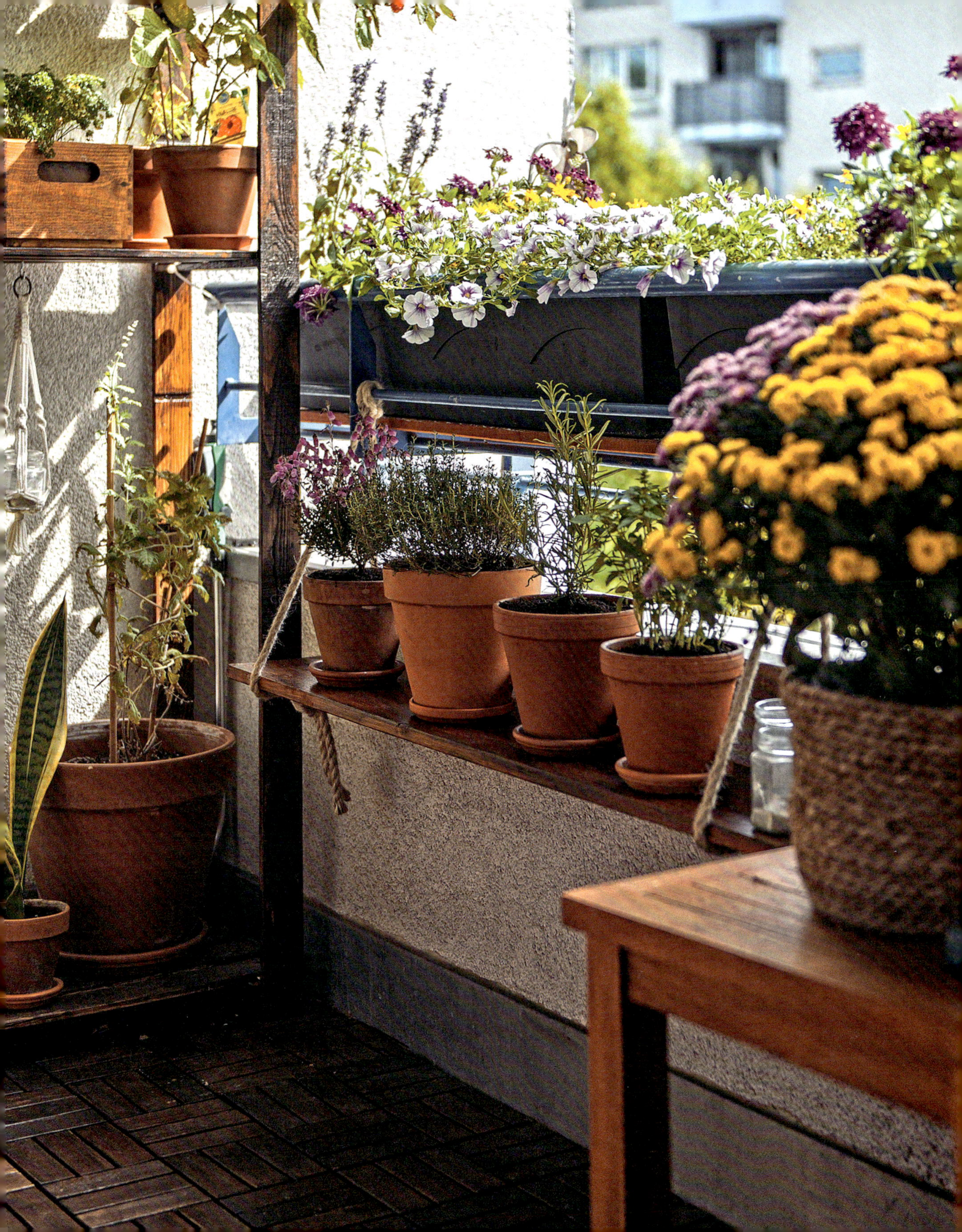

1. Als Erstes schleifst du mit Schleifpapier grob die Kanten deines Brettes ab 1a, anschließend lasierst du es 1b. Nun wartest du, bis das Ganze getrocknet ist 1c, und dann kann's auch schon weitergehen.

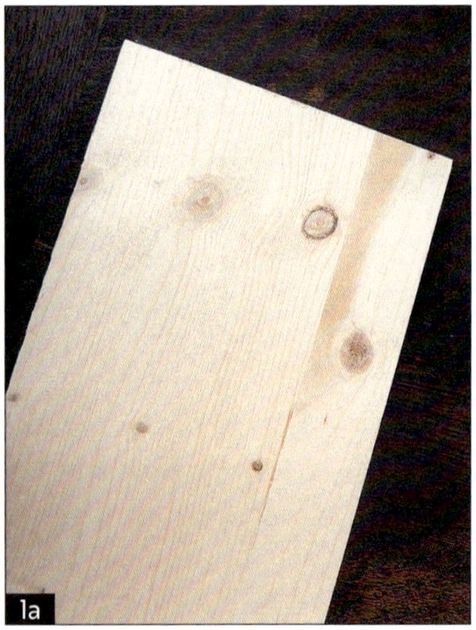
1a

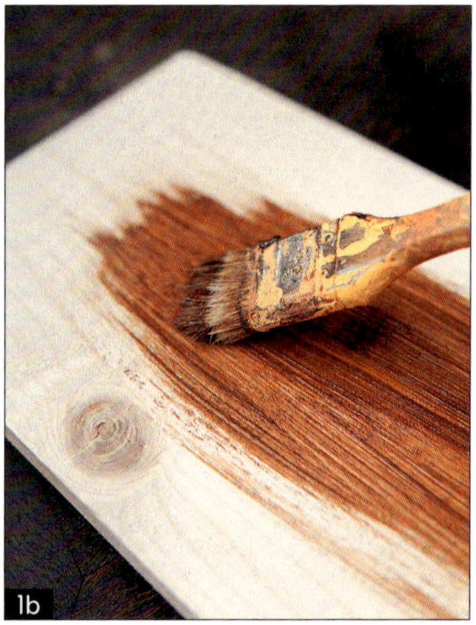
1b

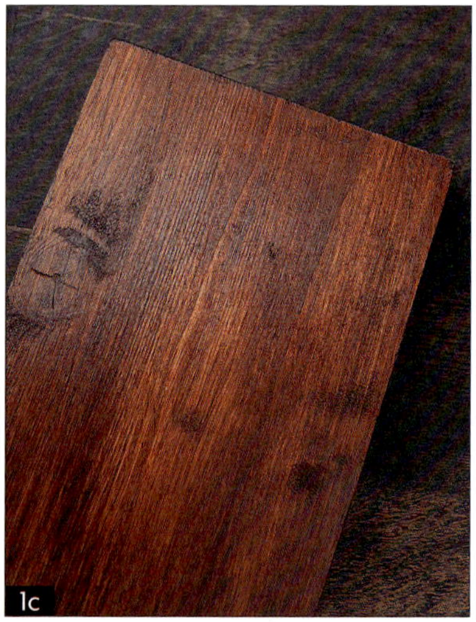
1c

2. Zerschneide dein Seil in der Mitte, sodass du 2 gleich lange Stücke hast. Pro Seil verknotest du nun die Enden. Dazu musst du schauen, wie hoch das Regal am Ende hängen soll. Such dir also zunächst aus, wo du das Regal aufhängen willst. Bei mir haben sich die Stangen vom Balkongeländer perfekt angeboten. Mit einer einfachen Schlaufe befestigst du dein Seil.

3. Das Komplizierteste ist erledigt, denn nun legst du nur noch dein Brett in die entstandenen Schlaufen, schneidest so viel Überschuss ab, wie du möchtest und – „Tadaa!" – Fertig ist dein superpraktisches Hängeregal.

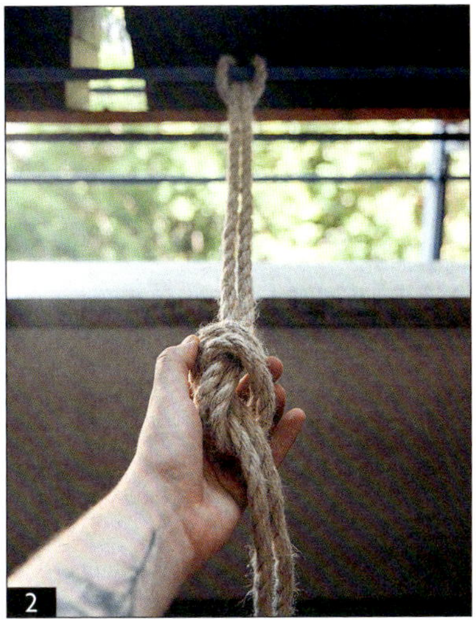

2

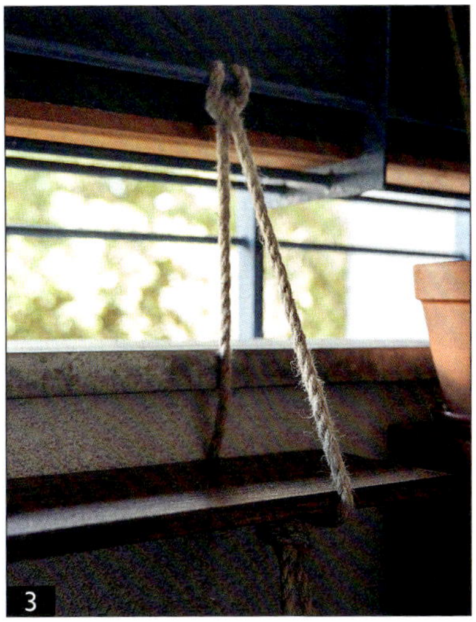

3

MATERIALIEN

- 3 Bretter (80 cm x 20 cm)
- Schleifpapier (grob)
- Seil (5,50 m)
- Holzlasur
- 2 Haken
- 2 Dübel
- Bohrmaschine

Großes Pflanzenregal

Jeder Pflanzenfan kennt das Problem: Irgendwann wird der Platz knapp! Doch dafür habe ich eine Lösung gefunden. Sind deine Blumenkästen voll, nutzt du mit diesem Regal den Platz an der Wand.

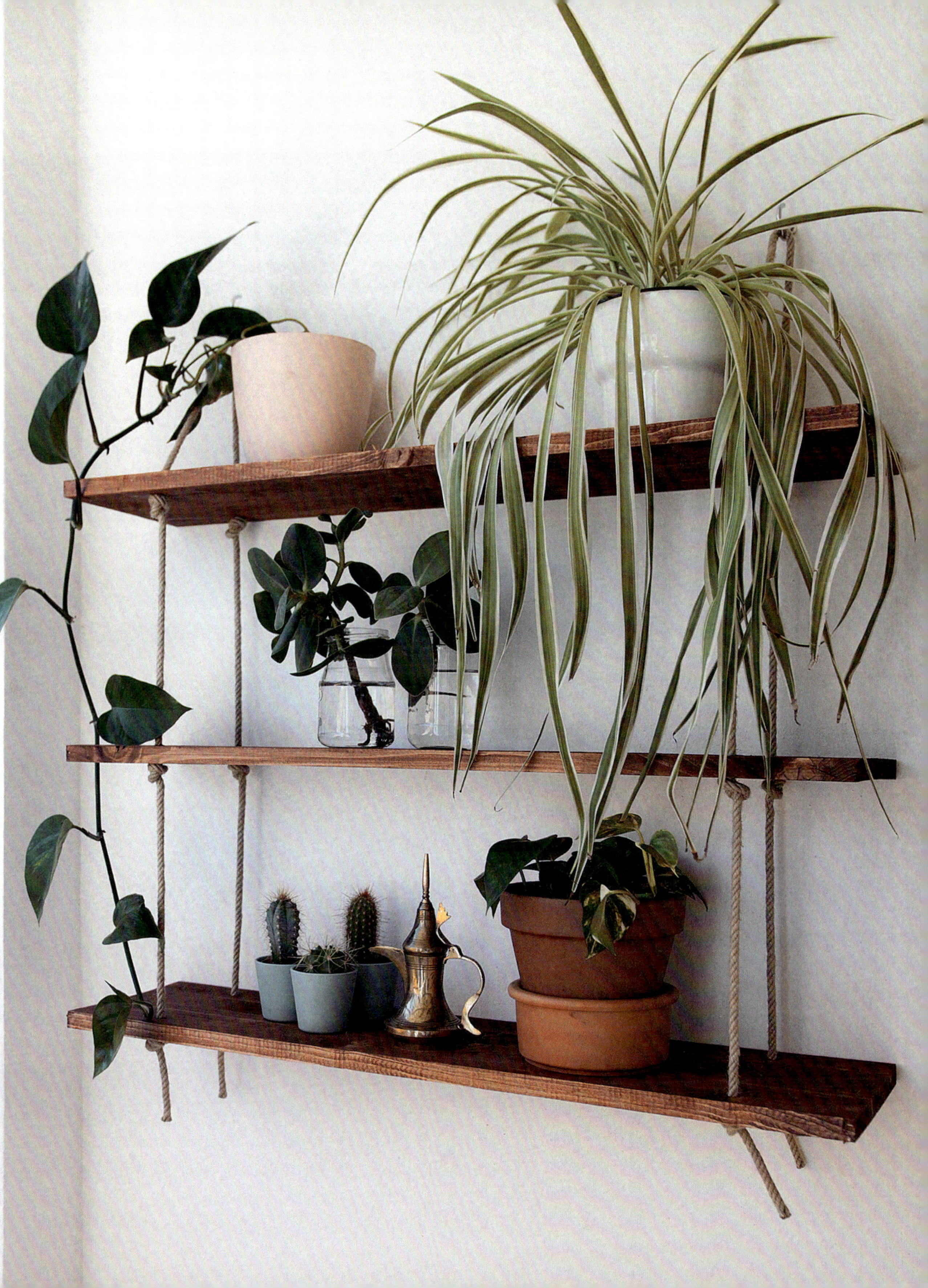

1. Am Anfang schleifst du kurz die Kanten ab 1a und bohrst in jedes Brett 4 Löcher 1b. Meine liegen ca. 12 cm von der Schmal- und 3 cm von der Längsseite. Du kannst aber auch von diesen Werten etwas abweichen, wenn es dir anders besser gefällt. Hauptsache, die Stabilität bleibt gewahrt. Jetzt fix eine schöne Lasur drüber (ich mag ja gerne Teak) und weiter geht's 1c!

2. Nun bohrst du, passend zum Abstand der Löcher auf dem Brett, 2 weitere Löcher in die Wand, drehst 2 Dübel hinein und befestigst die Haken 2a. Dein Seil teilst du in der Mitte und hängst je eine Hälfte über jeden Haken 2b.

3. Ab hier wird es ein bisschen Fummelarbeit. Jetzt musst du nämlich die Seile durch die Löcher pfriemeln. Kleiner Trick für dich: Am besten verklebst du die Enden des Seils mit Klebeband, ein bisschen wie ein Schnürsenkel, damit sie sich am Ende nicht aufdrehen. Wie auf Bild 3 zu sehen, führst du nun die Enden durch die dazugehörigen Löcher und machst jeweils einen Knoten. Achte dabei darauf, dass das Seil nicht zu sehr hin und her rutscht und die hängenden Enden immer ungefähr gleich lang sind.

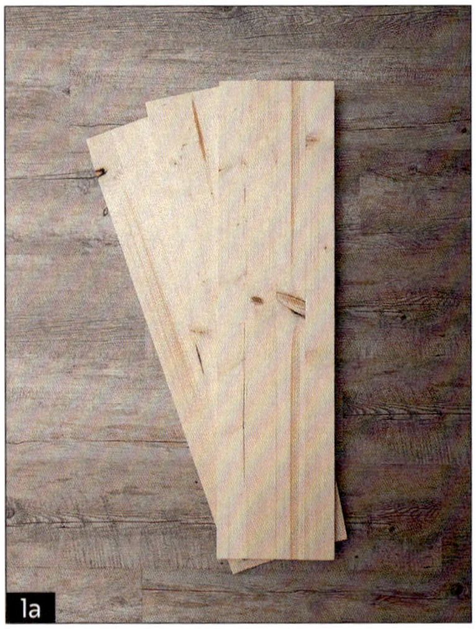
1a

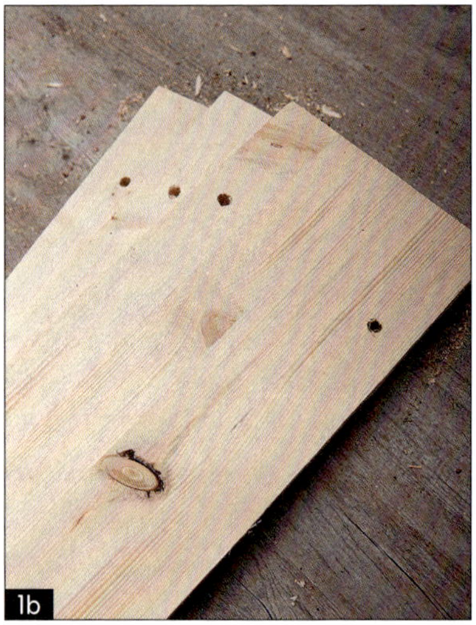
1b

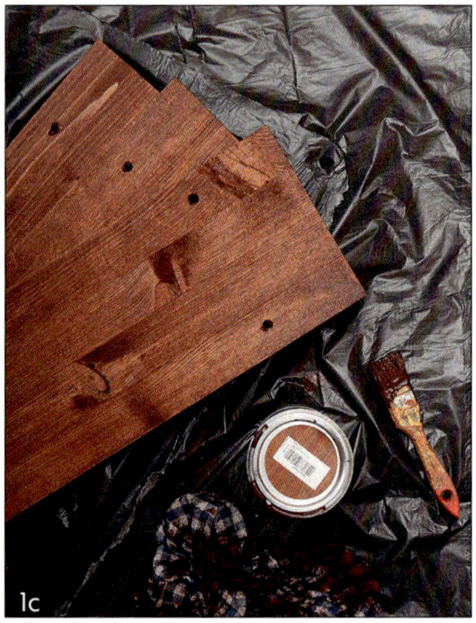
1c

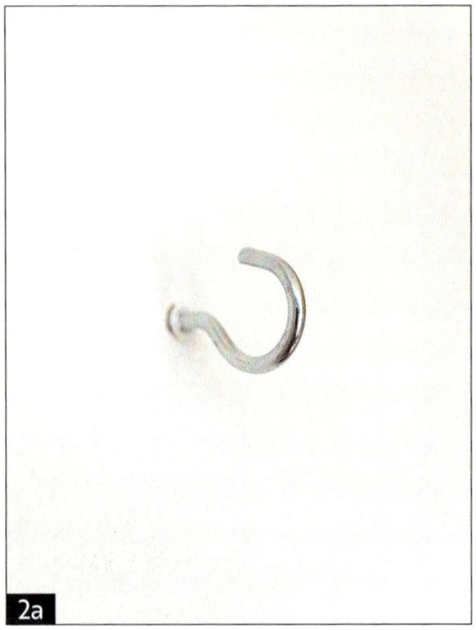
2a

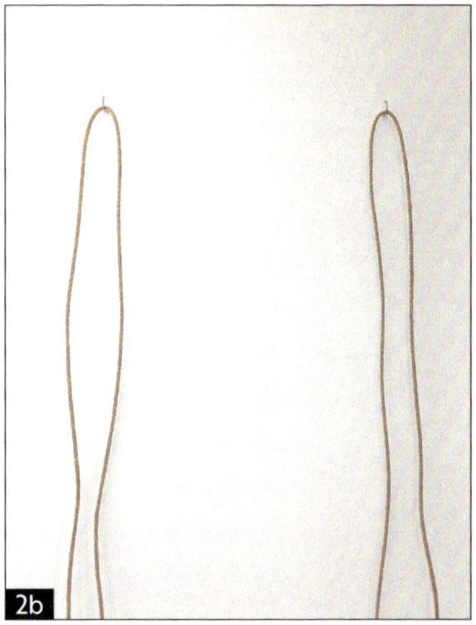
2b

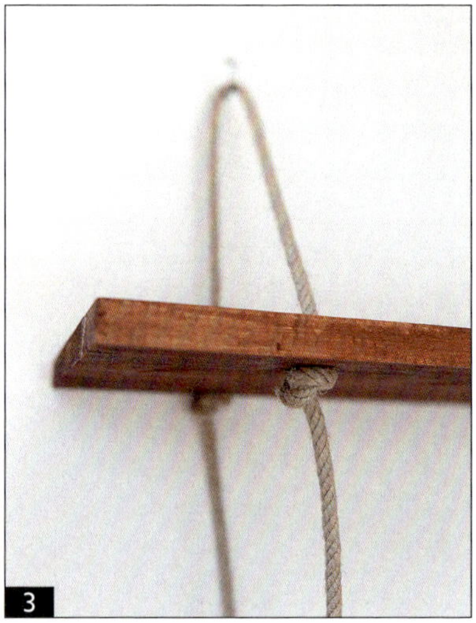
3

4. Dieses Prinzip wiederholst du jetzt. Nun steckst du die 4 Seilenden durch das zweite Brett und verknotest es. Am besten geht das Ganze definitiv zu zweit! Als Abstand zwischen dem ersten und zweiten Brett habe ich ca. 30 cm gelassen.

5. Letzte Runde, fast geschafft. Den Dreh hast du jetzt raus! Letztes Brett, gleiches System. Die 4 Enden ziehst du durch die 4 Löcher und bindest wieder 4 Knoten. Fertig!

Dein Regal hängt! Jetzt noch ein paar Pflänzchen drauf und schon hast du ein komplettes Regal für wenig Geld selbst gebastelt, toll!

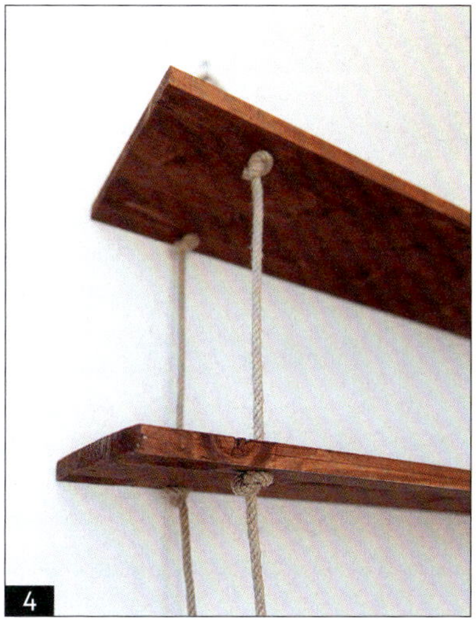

4

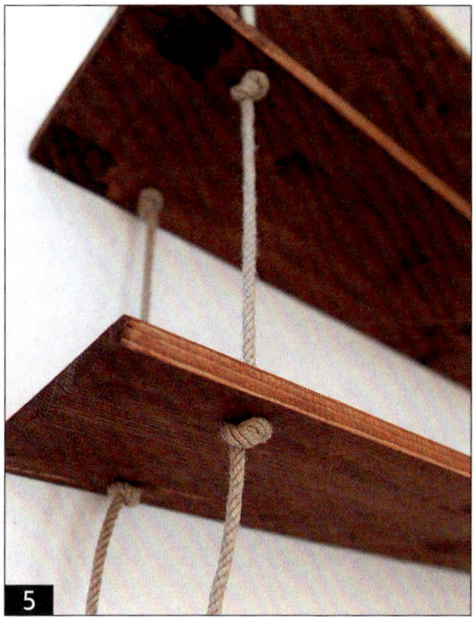

5

MATERIALIEN

- altes Holzbrett
- Äste
- Holzkleber
- Säge
- Bohrer
- Hammer
- Schleifpapier (grob und fein)

Werkzeugstation

„Wo ist denn jetzt schon wieder meine Schere hin?" und „Hast du die Schaufel für die Blumenerde gesehen?". Wer kennt das nicht? Man sucht sein Werkzeug und findet einfach mal wieder nichts. Kürzlich hatte ich genau diese Situation und kam so auf die Idee, einfach eine kleine Anleitung für eine Werkzeug-Station im rustikalen Look zu machen.

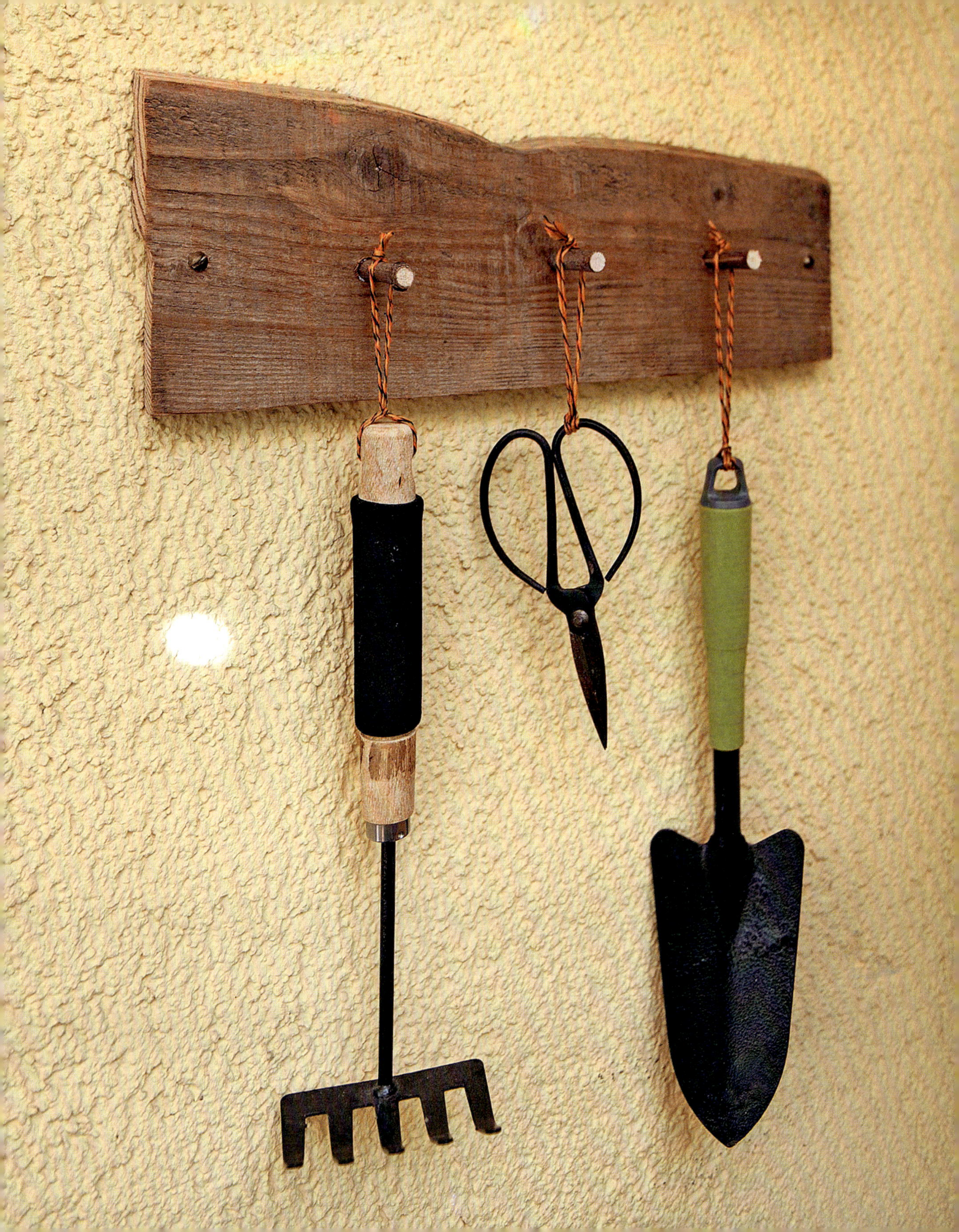

1. Da ich es rustikal mag, habe ich mit einem alten Holzbrett begonnen, das ich noch herumliegen hatte. Dein Brett sägst du auf die gewünschte Länge und schleifst grob die Kanten ab, damit sich keiner verletzt! Da ich nicht so viel Werkzeuge zu verstauen habe, reichen mir knapp 40 cm Länge.

2. Nun suchst du dir ein relativ gerades Ästchen, nicht zu dick 2a, und zersägst es in 3 kleine Stücke. Deren Länge richtet sich nach der Dicke des Bretts. Für mich waren 5 cm perfekt 2b! Ich bin noch mal ein wenig mit feinem Schleifpapier darüber, damit die Enden ein wenig abgerundet sind und alles „fertiger" aussieht.

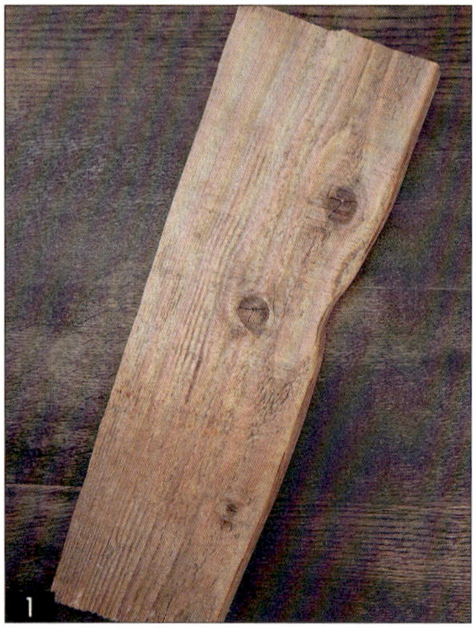
1

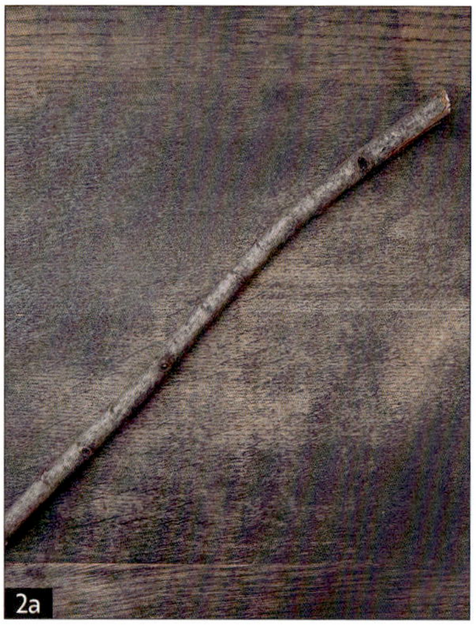
2a

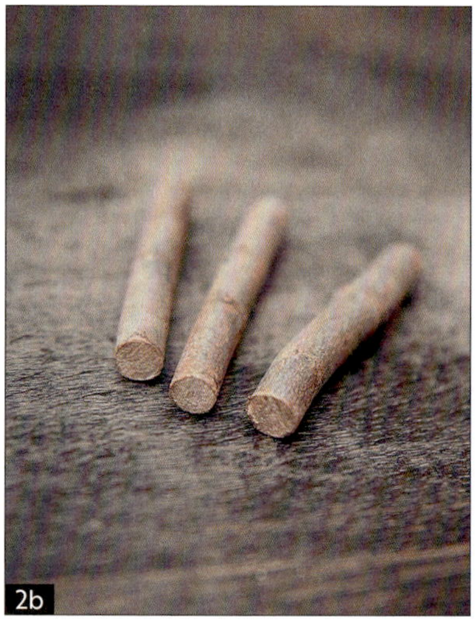
2b

3. Jetzt geht's ans Bohren. Nimm einen Bohrer, der die Dicke deiner Aststückchen hat, und bohre 3 Löcher in das Brett.
Tipp: Fange beim Bohren lieber ein bisschen kleiner an und werde langsam größer! Die Ästchen sollen relativ fest sitzen, damit sie nicht wackeln.

4. Gib etwas Holzkleber in die Löcher, um alles zusätzlich zu stabilisieren, und setze dann deine Ästchen ein. Sie sollten wie gesagt nicht allzu leicht reingehen, also benutze dafür ruhig einen Hammer! Fertig ist deine Aufhängung für die Werkzeuge.

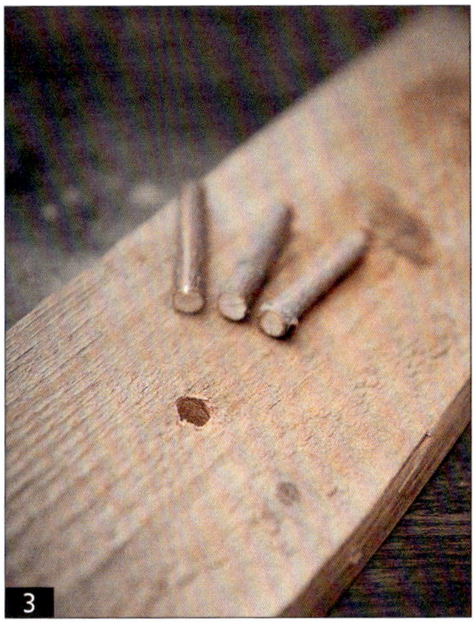
3

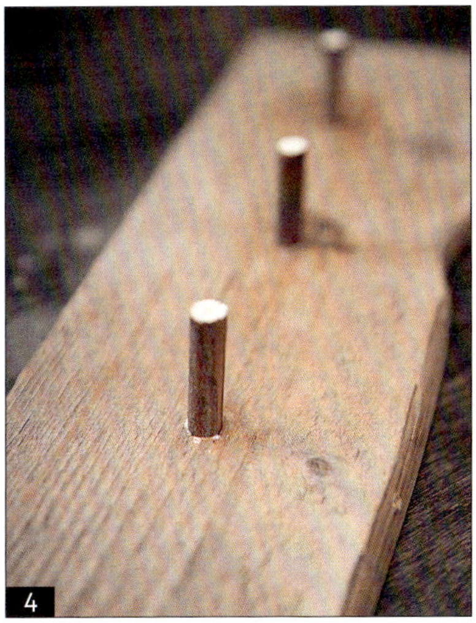
4

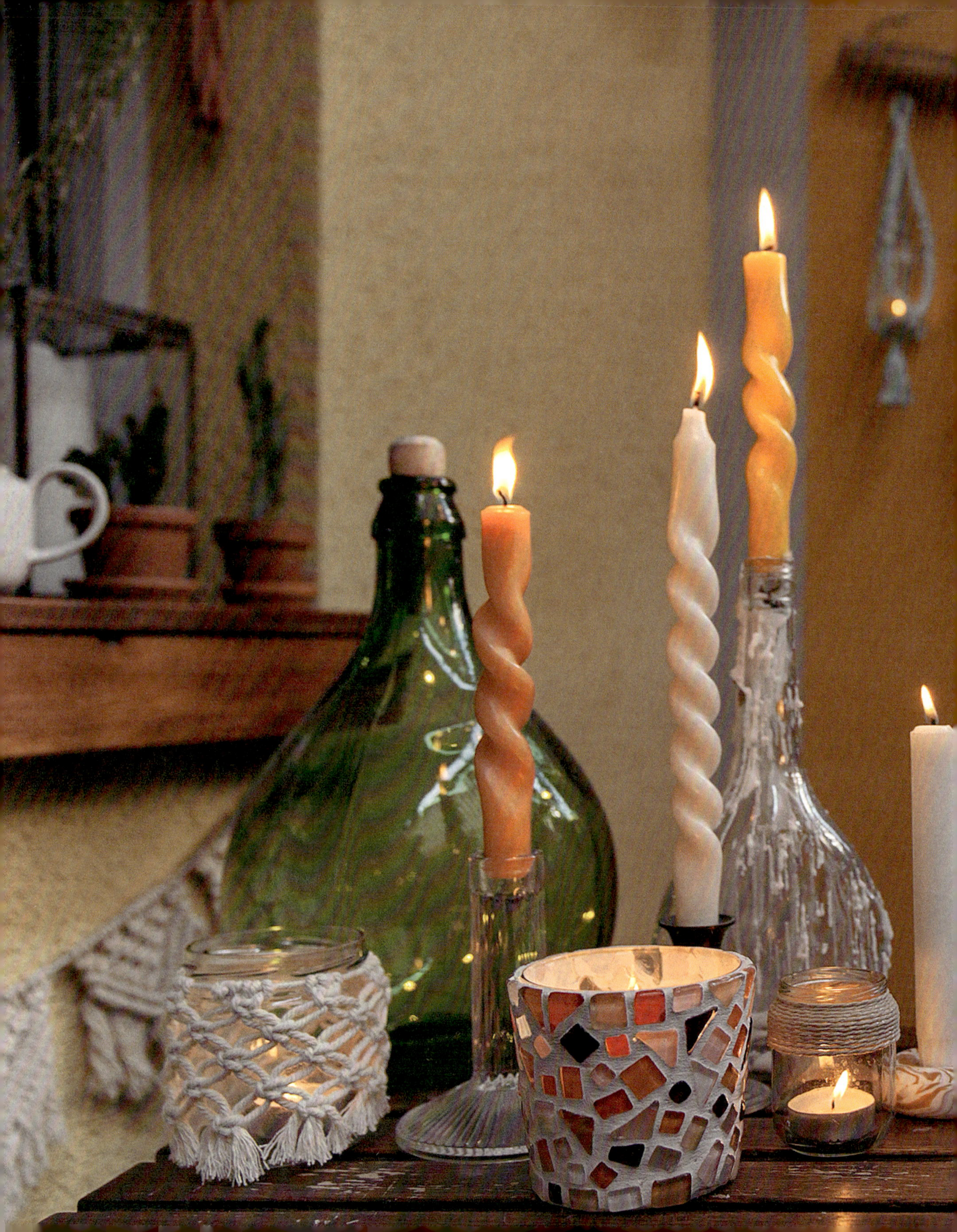

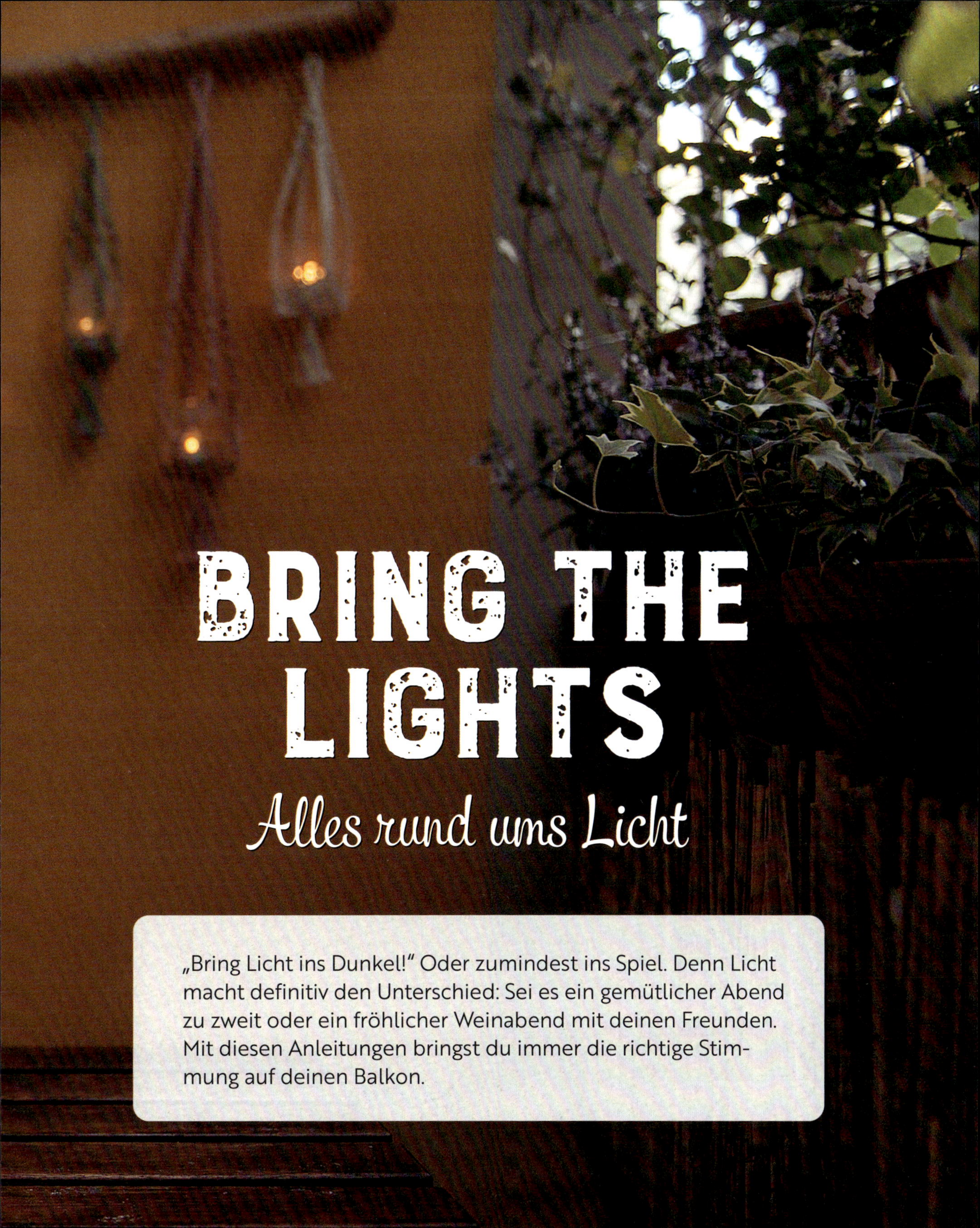

BRING THE LIGHTS

Alles rund ums Licht

„Bring Licht ins Dunkel!" Oder zumindest ins Spiel. Denn Licht macht definitiv den Unterschied: Sei es ein gemütlicher Abend zu zweit oder ein fröhlicher Weinabend mit deinen Freunden. Mit diesen Anleitungen bringst du immer die richtige Stimmung auf deinen Balkon.

Diskoball & Kristalle

Kein Tutorial, aber vielleicht ein cooler Tipp für dich! Ich liebe es, mit Licht zu spielen, und habe mir deswegen auf meinem Balkon eine kleine Diskokugel befestigt. Das ist ein toller Effekt, wenn die Sonne darauf strahlt und viele kleine Lichter über den Balkon und durch das Fenster in die Wohnung tanzen.

Online habe ich auch noch ein paar kleine Kristalle in verschiedensten Formen gefunden. In diesen bricht sich bei direkter Sonneneinstrahlung das Licht und es entstehen wunderbare kleine Regenbögen und Reflexionen an den Wänden. Das fasziniert mich immer aufs Neue!

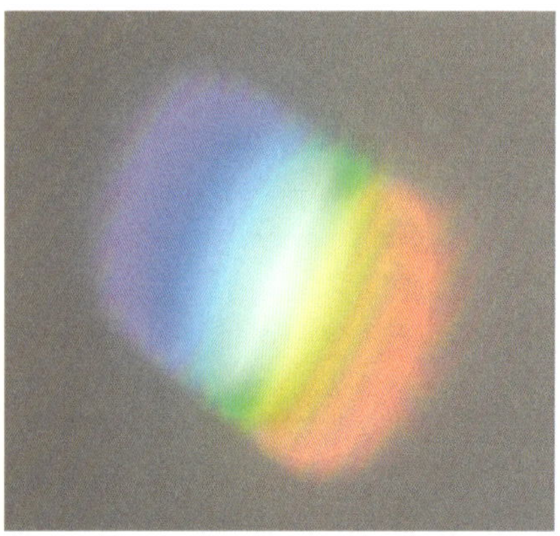

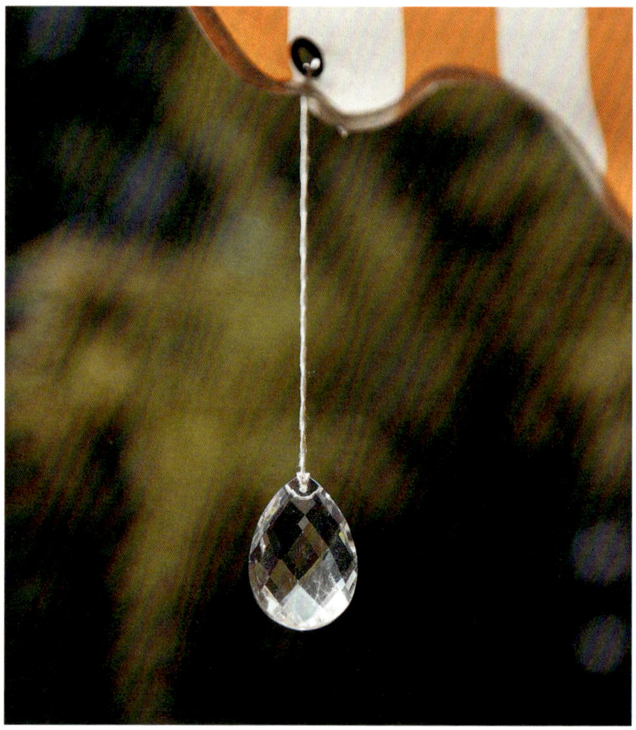

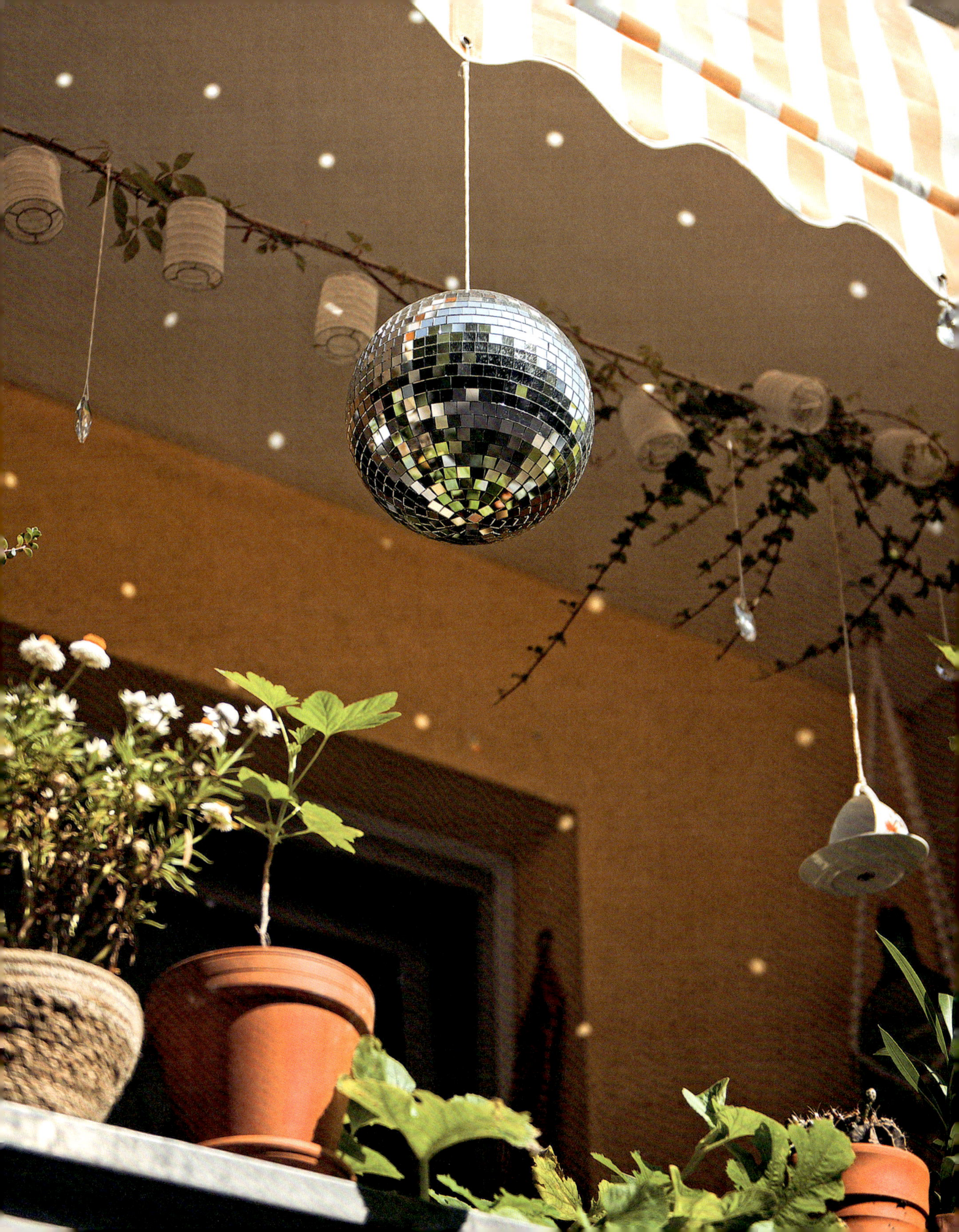

Zitronen-Teelicht

„Autsch! Schon wieder eine!" – „Mich hat's auch erwischt!" – „Diese elenden Biester!" Es ist Sommer und jeder kennt das. Kaum wird es dunkel, kommen die Mücken aus allen Löchern. Diese Kerze hier erfreut zwar dein Auge, für die kleinen Plagegeister ist sie jedoch eher abschreckend!

1. Zunächst suchst du dir ein dekoratives Glas. Ich finde ja immer, dass Marmeladen teilweise wundervolle Gläser haben!

2. Als Nächstes suchen wir unsere Zutaten zusammen, die die lästigen Mücken vertreiben sollen: Zimtstangen, Zitrone und vom Balkon frischen Rosmarin.
Tipp: Möchtest du, dass das Wasser länger als einen Tag klar bleibt, kannst du den Zimt auch weglassen!

3. Im letzten Schritt füllen wir alles in ein Glas, geben noch ein paar Tropfen Zitronenöl dazu und befüllen das Glas mit Wasser. Teelicht oder Schwimmkerze rein und schon hast du eine sommerliche, dekorative Kerze, die im besten Fall auch noch Mücken abwehrt!
Tipp: Dieses Projekt eignet sich perfekt als Deko für eine kleine Gartenfeier, eine Party unter freiem Himmel oder einen romantischen Abend auf dem Balkon.

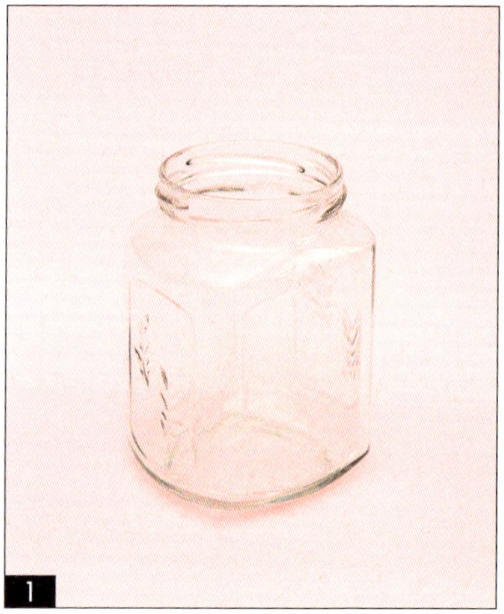
1

MATERIALIEN

- Glasgefäß
- Teelicht oder Schwimmkerze
- Zitrone
- Zimtstangen
- Rosmarin
- Zitronenöl

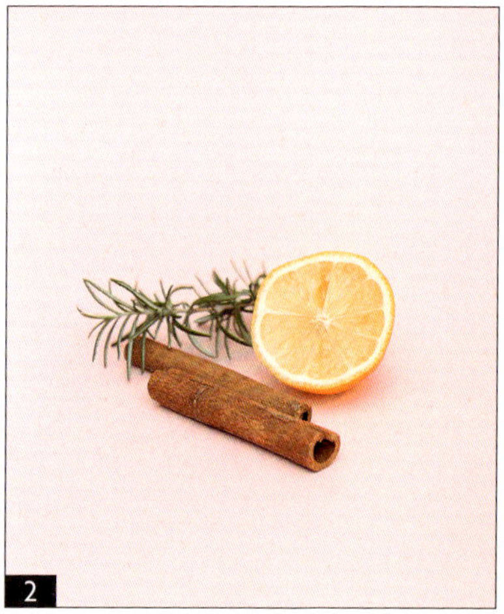
2

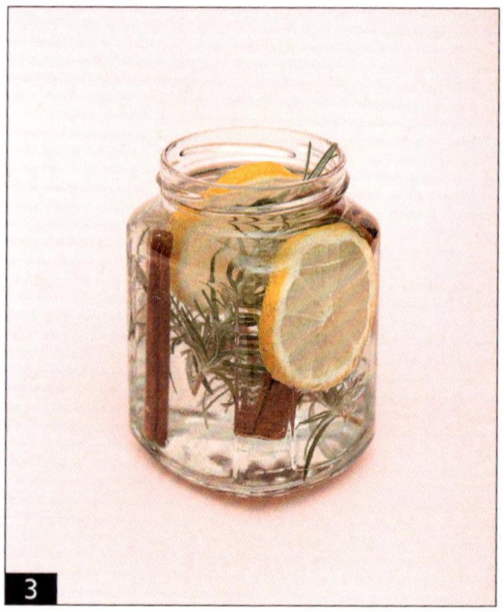
3

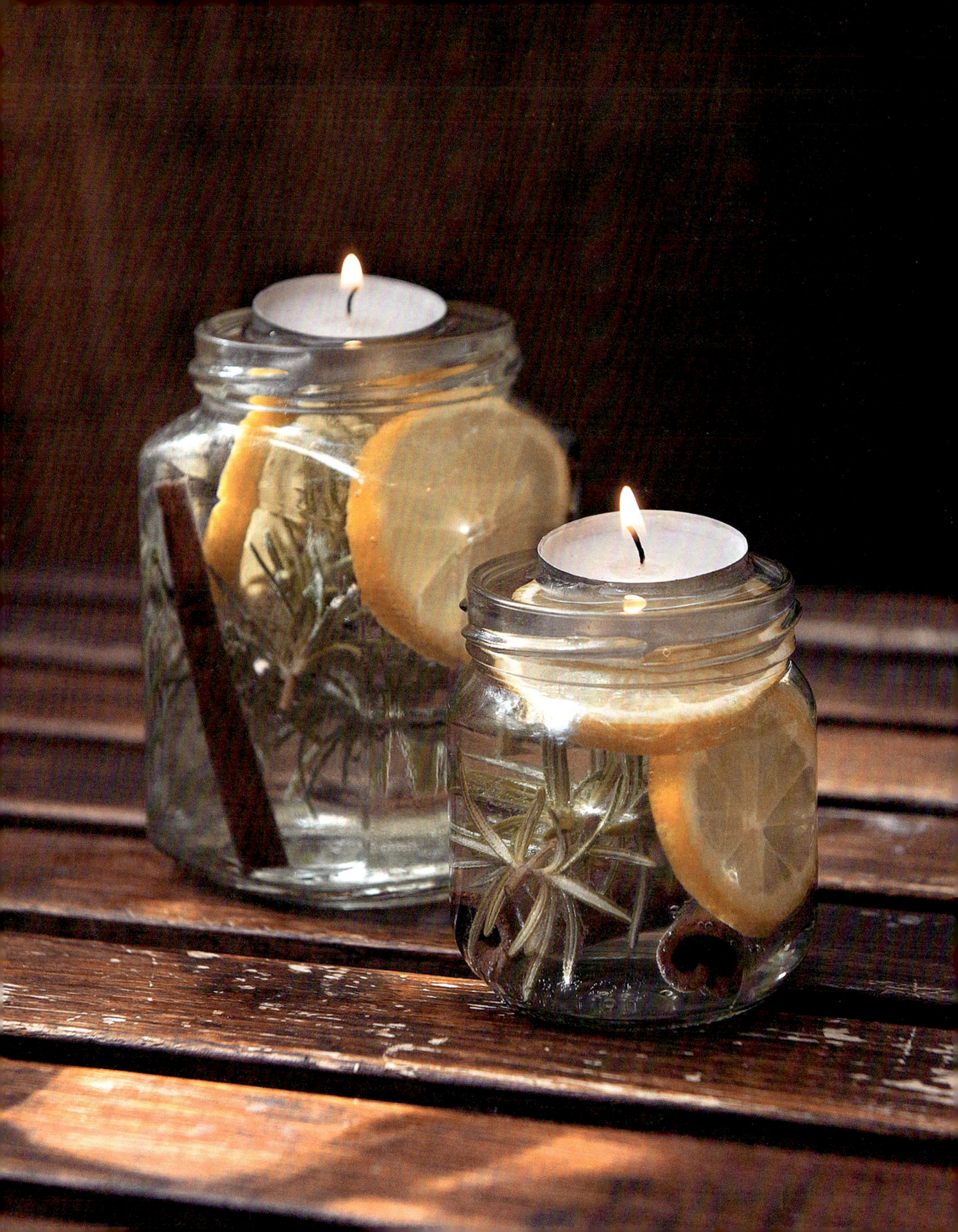

Lichtlein in der Lampe

Wer kennt sie nicht, diese billigen und unattraktiven LED-Lichterketten in der Glasflasche mit unschönem Plastikkorken obendrauf? Mein Geschmack ist das nicht. Um diesen Flaschenverschluss zu kaschieren, habe ich mir eine unkomplizierte Lösung ausgedacht, die für mich aber definitiv einen Unterschied macht.

1. Es könnte einfacher nicht sein! Schneide den echten Korken so zurecht, dass du ihn mühelos in deine Flasche stecken kannst. Nun nimmst du deinen Kleber und klebst den Fake-Korken von unten an den echten. So verschwindet dieser einfach im Flaschenhals und man sieht nur noch den schönen echten Korken oben. In meinen Augen ein kleiner Aufwand, der einen großen Unterschied macht.

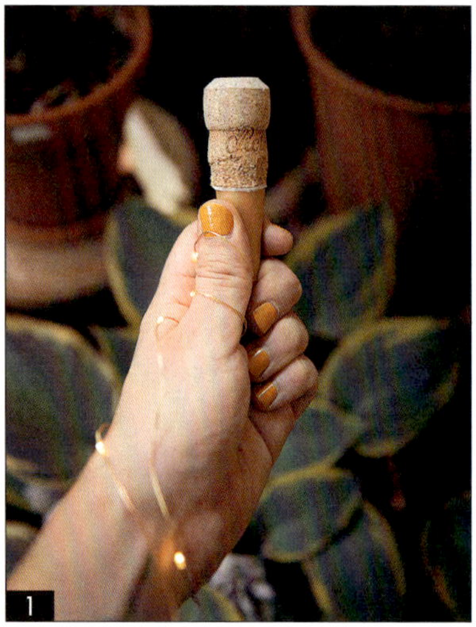

1

MATERIALIEN

- Lichterkette
- farbige Flasche
- starker Kleber
- ein passender Korken

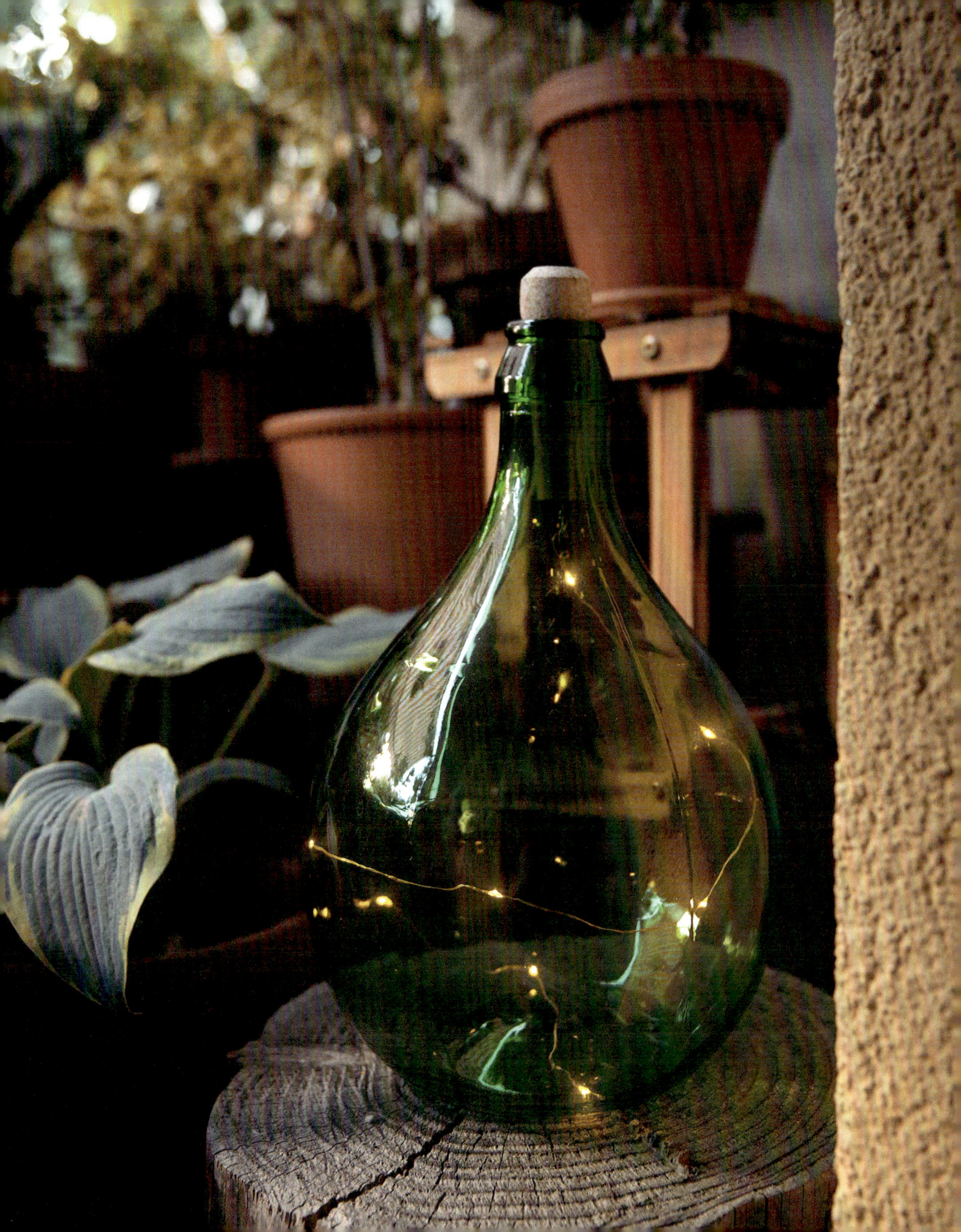

MATERIALIEN

- Schüssel
- Wasser
- Kerzen

Twisted Candles

Gedrehte Kerzen sind momentan super im Trend! Ob Werbung auf Social Media oder im Onlineshop, man kommt nicht an ihnen vorbei. Hier zeige ich dir, wie du diese schicken Kerzen ganz einfach selbst machen kannst. Alles, was du dafür benötigst sind – Überraschung! – Kerzen. Und zwar aus Paraffin. Los geht's!

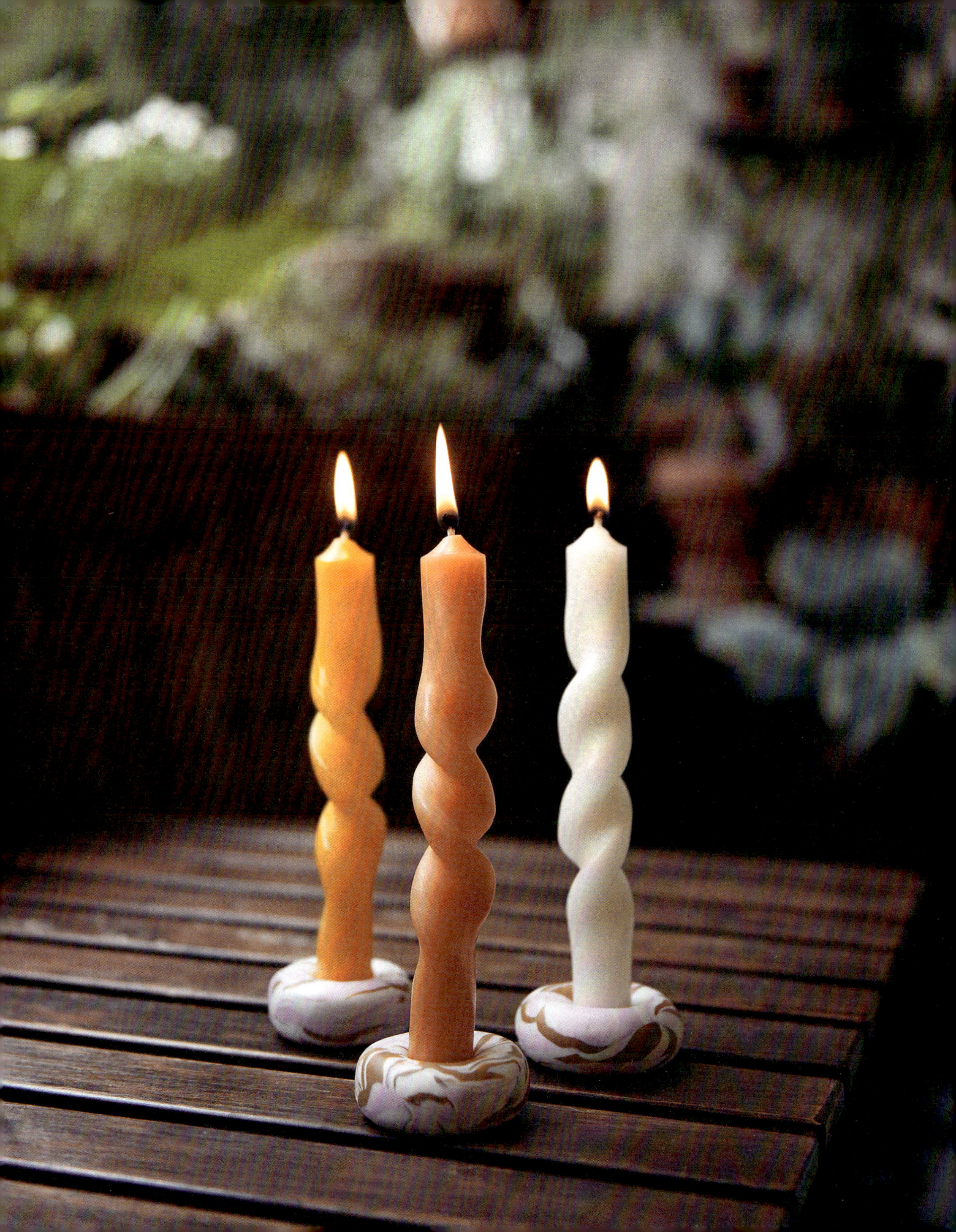

Tipp: Ich habe ein paar unterschiedliche Kerzen ausprobiert und für mich funktionierten die von NANU-NANA und Søstrene Grene perfekt.

1. Du beginnst damit, dir eine Schüssel voll warmem Wasser einzulassen. Nicht kochend, aber schon heiß! Im Waschbecken funktioniert das natürlich auch, oder in einem länglichen Glas. Dort lässt du die Kerzen für 10 bis 15 Minuten liegen.

Tipp: Achte darauf, dass die Kerzen im besten Fall komplett mit Wasser umgeben sind. Du kannst sie z. B. auch mit einem Gegenstand ein bisschen beschweren, sodass sie unter die Oberfläche gedrückt werden.

2. Teste jetzt, ob sich die Kerzen ein bisschen drücken und verformen lassen. Wenn ja, kann es weitergehen. Mit einem Nudelholz oder einer Flasche kannst du nun vorsichtig die Mitte der Kerze ausrollen. Leg dir vielleicht ein wenig Backpapier unter und wende die Kerze zwischendurch mal!

3. Jetzt tauchst du die Kerze wieder ins Wasserbad und beginnst vorsichtig, sie unter der Oberfläche zu drehen. Sollte dein Wasser zu kühl geworden sein und deine Kerze sich schwer drehen lassen oder sogar Risse bekommen, einfach noch mal in ein neues, heißes Bad legen und weitermachen.

Drehe die Kerze ganz nach Belieben! Manche mehr, manche weniger und schau einfach, welcher Effekt dir am besten gefällt (siehe Bild rechts). Viel Spaß!

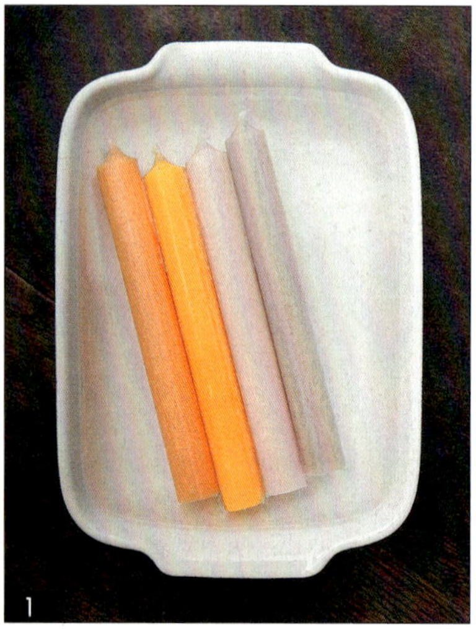
1

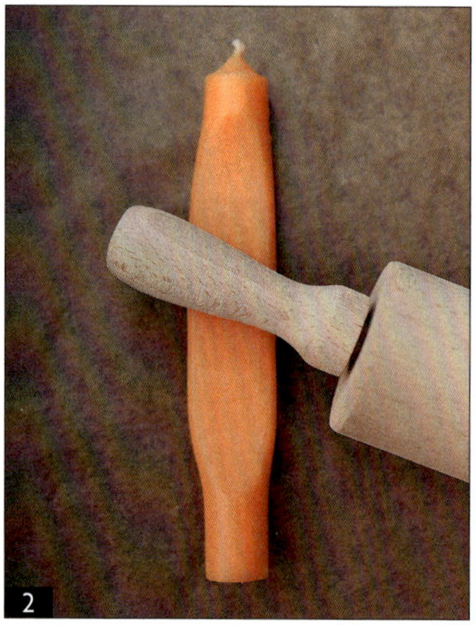
2

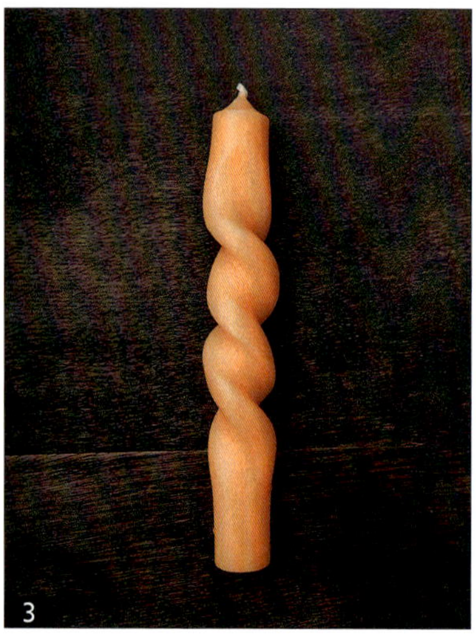
3

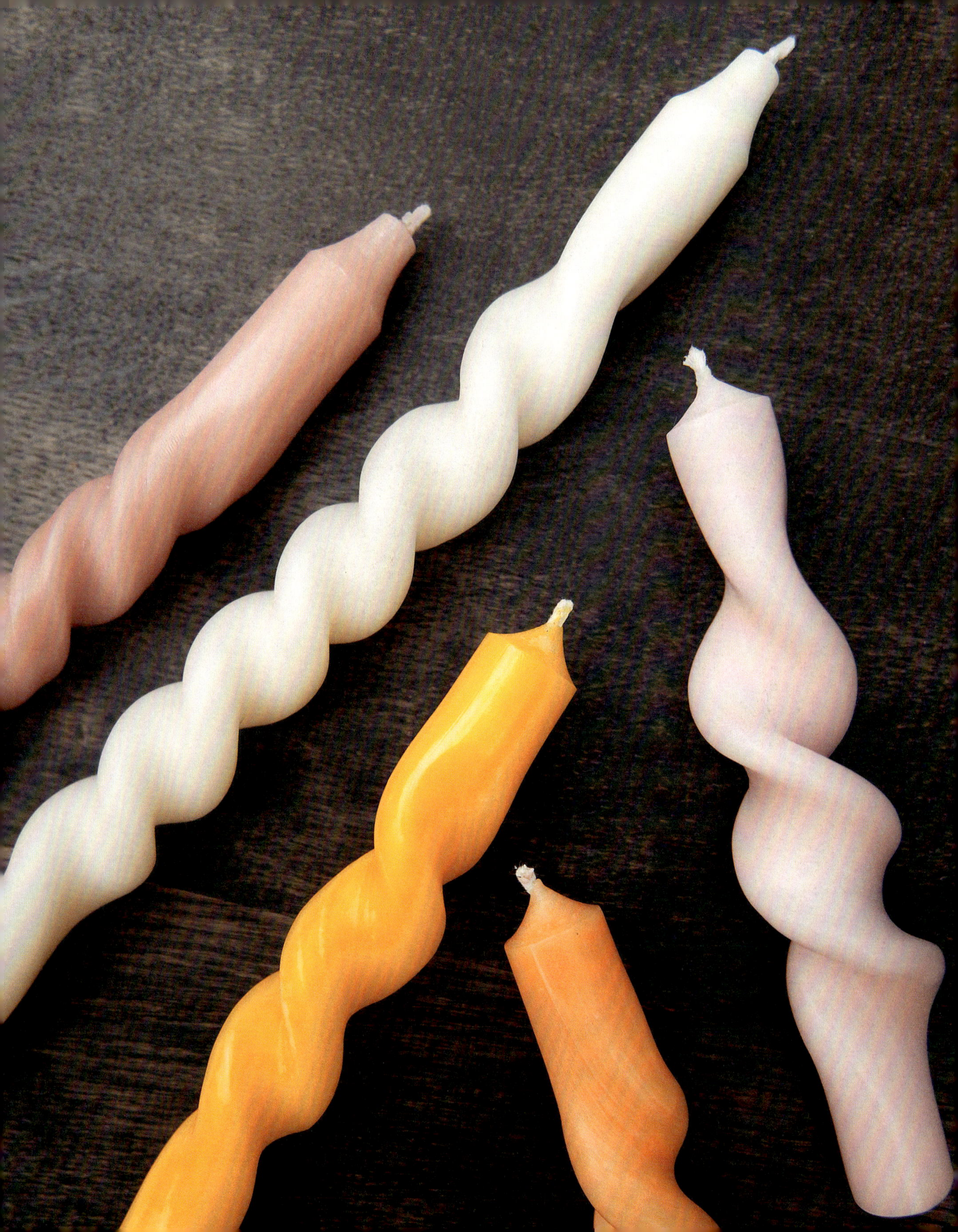

MATERIALIEN

- Bastelbeton
- ein Teelicht
- eine Gießform
- Schleifpapier (grob & fein)

Betontöpfchen

Hier ein schnelles DIY, das mir besonders Spaß gemacht hat! Jetzt heißt es Hand anlegen. Mit nur zwei Komponenten kreierst du einen modernen Teelichthalter im urbanen Look.

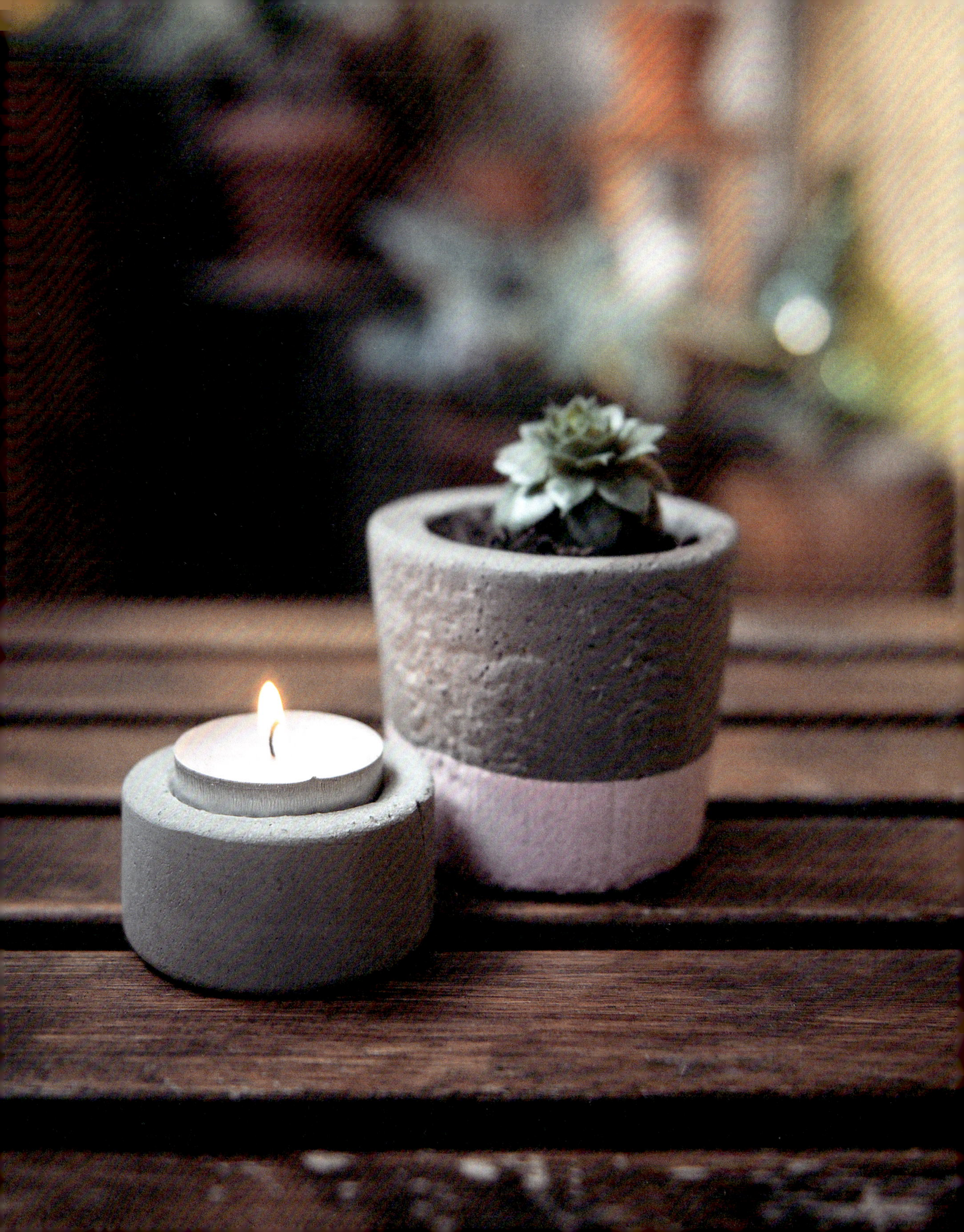

1. Zunächst mischst du den Beton an, wie es in der Beschreibung der Packung steht. Deine Form reibst du mit etwas Fett aus, wie beim Kuchenbacken. Dann gießt du die fertige Betonmasse vorsichtig in das Behältnis.

Tipp: Ich habe dafür eine abgeschnittene Plastikflasche meiner Kontaktlinsenflüssigkeit genommen. Wichtig ist nur, dass es eine Form ist, die du am Ende gut zerschneiden oder zerdrücken kannst, wie z. B. Plastik. Für mein größeres Pflanzentöpfchen habe ich einen Einwegbecher aus Pappe vom Bäcker benutzt.

2. Jetzt drückst du langsam dein ebenfalls eingefettetes Teelicht in die Mitte der Masse und beschwerst das Ganze, damit das Teelicht so fixiert ist, dass es oben mit dem Beton abschließt.

Tipp: Bei dem großen Topf habe ich in die Mitte einen kleinen Silikonmessbecher gedrückt, den ich herumliegen hatte. Es sollte aber beispielsweise auch mit einer Kaugummiverpackung oder Ähnlichem funktionieren, je nachdem wie groß deine Öffnung sein soll. Auch hier gilt: Hauptsache, du kannst es schneiden oder biegen.

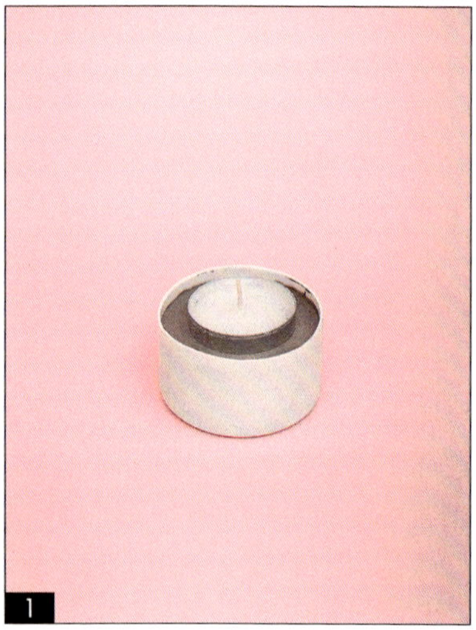

1

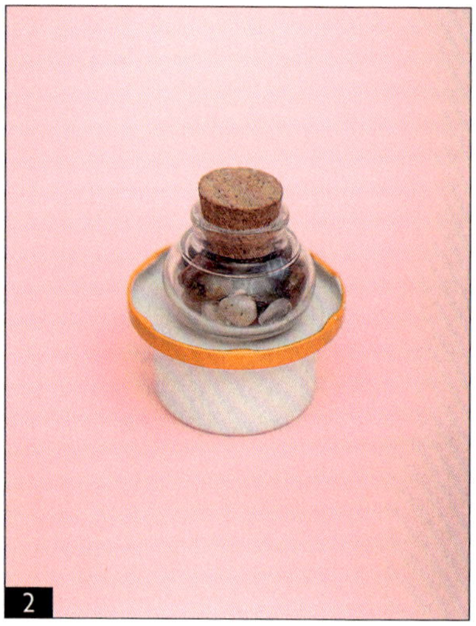

2

3. Die Mischung lassen wir jetzt aushärten. Nun kannst du deine Betonform herauslösen. Sollte sie sich trotz Einfetten nicht lösen, benutz eine kleine Schere und zerschneide die Hülle.

Keine Sorge, wenn dein Förmchen noch ein bisschen unförmig aussieht. Mit Schleifpapier kannst du einfach nachhelfen, eventuell durch die Schere entstandene Kratzer kaschieren und deinem Projekt wortwörtlich den letzten Schliff geben.

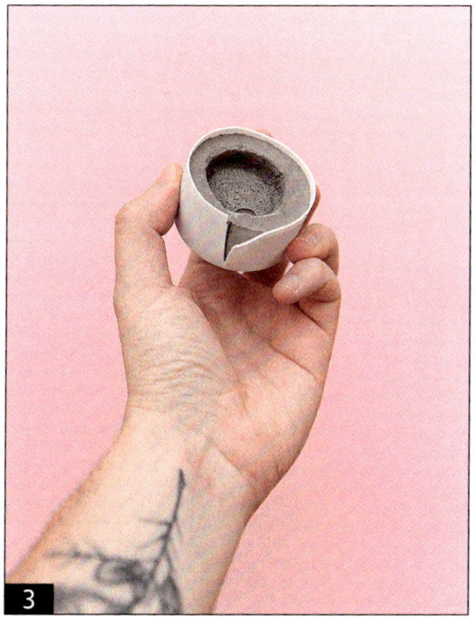
3

MATERIALIEN

- Glasgefäß
- Mosaiksteine
- Mosaikkleber
- Fugenmasse
- fester Schwamm

Mosaik-Teelicht

Auch bei diesem DIY nutzt du das Prinzip des Upcyclings. Mit Mosaiksteinen und Altglas zauberst du dir nicht nur eine romantische Stimmung auf dem Balkon, sondern auch ein schönes Schattenspiel an die Wand.

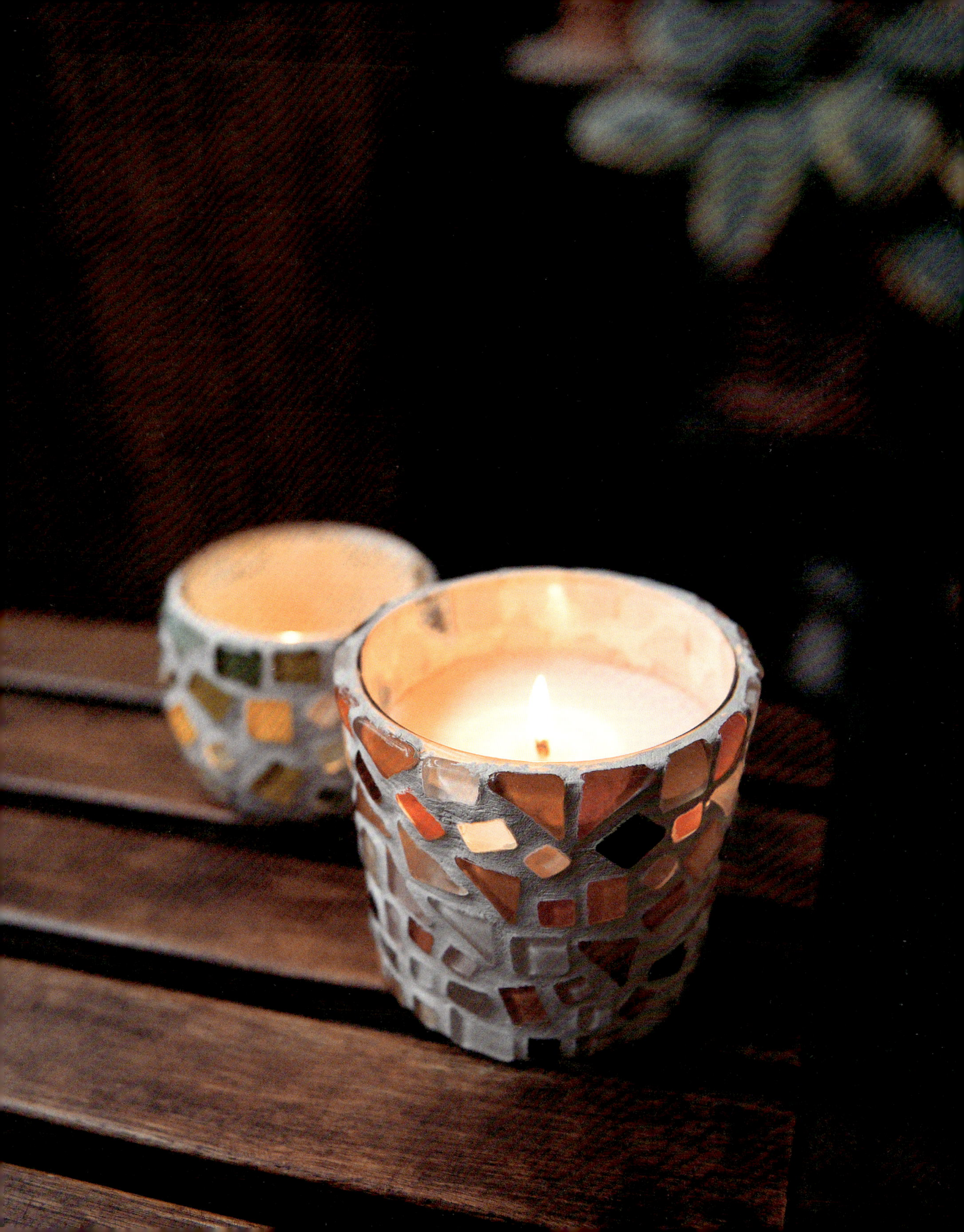

1. Nimm dein Glas und bringe mit dem Mosaikkleber rundherum die Steinchen an 1a. Lasse dabei immer ein bisschen Abstand zwischen den Mosaikstücken 1b. Hier kannst du kreativ werden. Willst du ein Muster, nur eine Farbe oder liebst du es kunterbunt? Alles ist erlaubt! Ich habe mich für Steinchen in einander ähnlichen Farbtönen entschieden. Nun ist ein bisschen Geduld gefragt, bis der Kleber ausgehärtet ist.

Tipp: Ich habe ein altes Glas einer Kerze benutzt. Am Ende konnte ich nämlich einfach eine neue Kerze in mein Mosaik-Glas stecken und es hat genau gepasst. Wenn du magst, kannst du aber auch ein Teelicht nehmen oder dir eine neue Kerze selbst gießen.

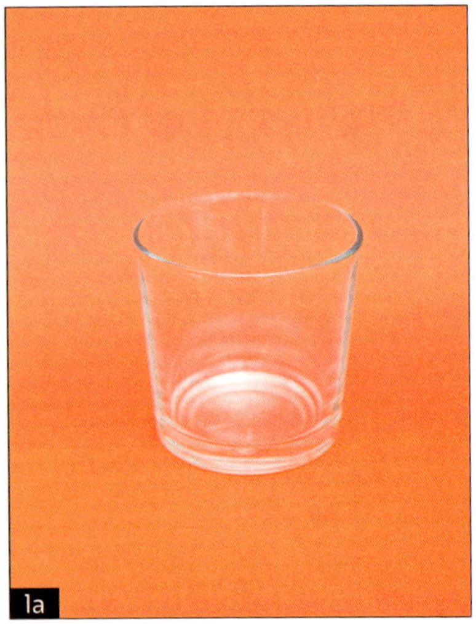
1a

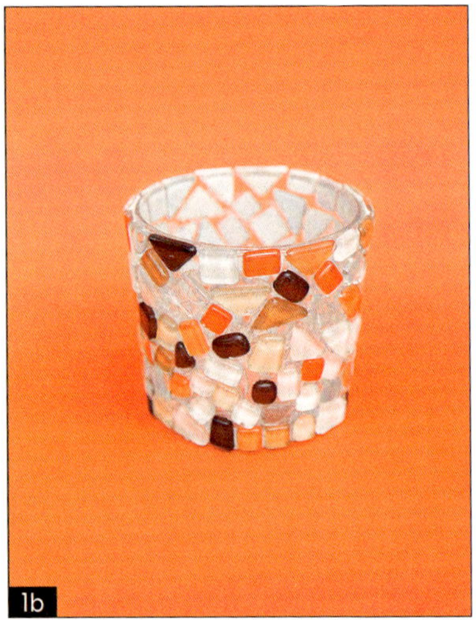
1b

2. Alles trocken? Jetzt kannst du mit der Fugenmasse arbeiten. Mische diese zunächst gemäß Herstelleranleitung an und trage sie anschließend mit einem Schwamm auf. Wenn die Masse jede Lücke gefüllt hat, kannst du den Schwamm ein wenig befeuchten und nun die Steinchen wieder freiwischen. Das dauert vielleicht etwas.

Tipp: Ich habe es zwischendurch immer ein wenig antrocknen lassen und bin anschließend wieder mit dem Schwamm über die Steine. Keine Angst, wenn am Ende noch immer ein dünner Film der Masse auf den Steinen ist. Diese kann man auch nach dem Trocknen noch mit etwas Kraft abwischen.

3. Im letzten Schritt lässt du alles trocknen, besserst kleine Unreinheiten aus und hast ein schickes Mosaiklicht gebastelt! Teelicht rein und gemütlich machen!

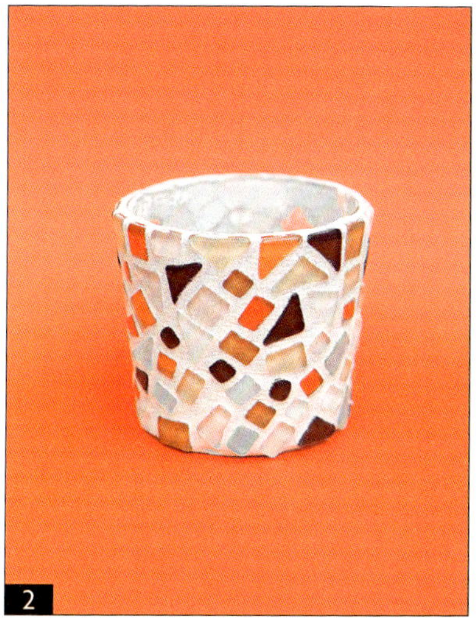
2

KLEINE HELFERCHEN

Vergisst du auch gerne mal, deine Pflanzen zu gießen, oder im Gegenteil, meinst es zu gut mit dem Wasser? Bist du dir unsicher, ob eine Pflanze nun zu nass oder zu trocken ist?

Ein super Gadget, um sicherzustellen, dass es deinen grünen Mitbewohnern gutgeht, sind sogenannte Feuchtigkeitsmesser. Es gibt sie in verschiedenen Ausführungen und sie sind gerade für den Anfang ein günstiges Hilfsmittel, um ein besseres Gefühl für Pflanzenpflege zu entwickeln. Du steckst das Teil einfach in die Erde und kannst sofort ablesen, ob sie zu trocken, genau richtig oder zu nass ist. Praktisch.

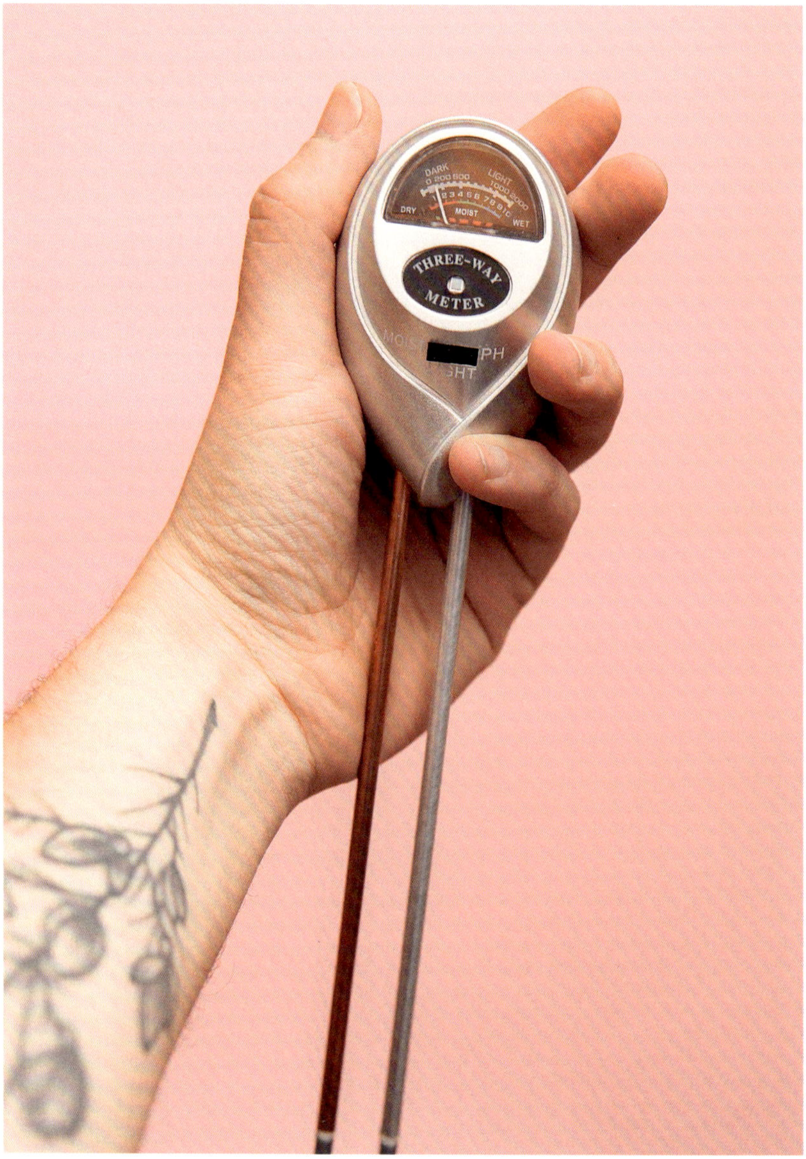

Ob direkter Strahl oder feiner Niesel, mit diesem kleinen Helferchen kannst du deine Gießroutine erweitern! Viele Pflanzen freuen sich nämlich nicht nur über Wasser in der Erde, sondern auch über eine kleine Dusche.

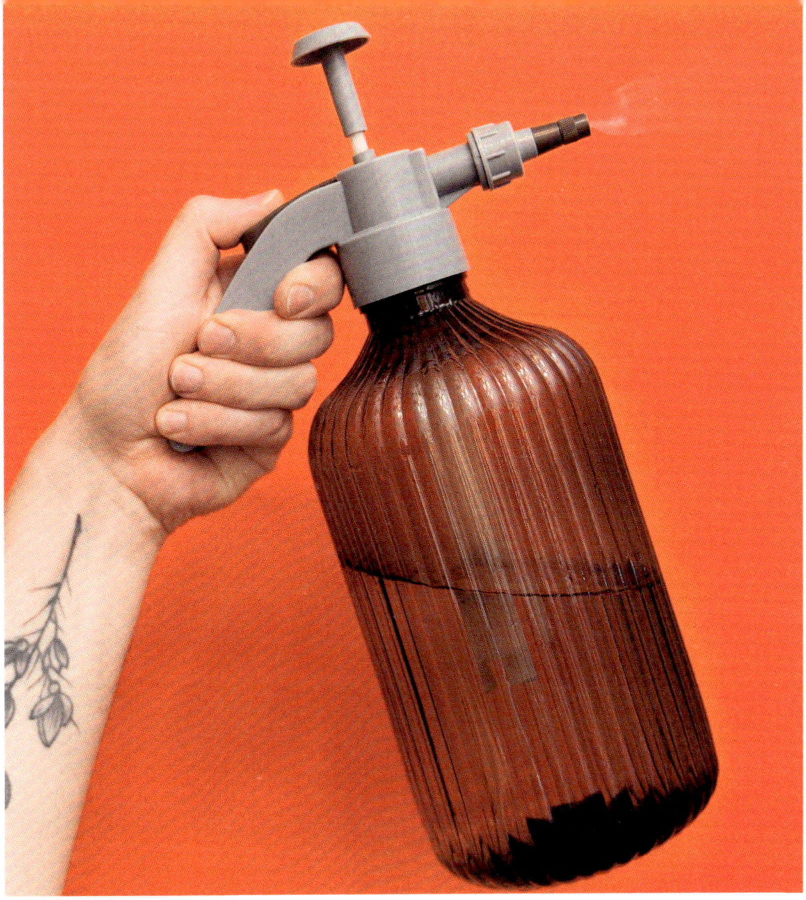

Zum Benennen der Kräuter oder einfach als coole Deko: Ich liebe meine Labelmaschine und kann sie dir nur wärmstens empfehlen.

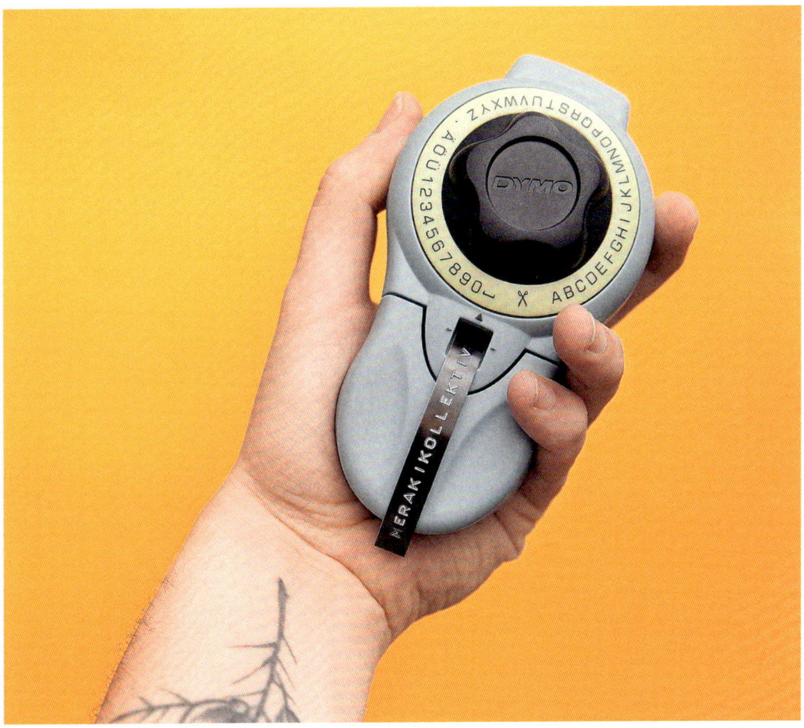

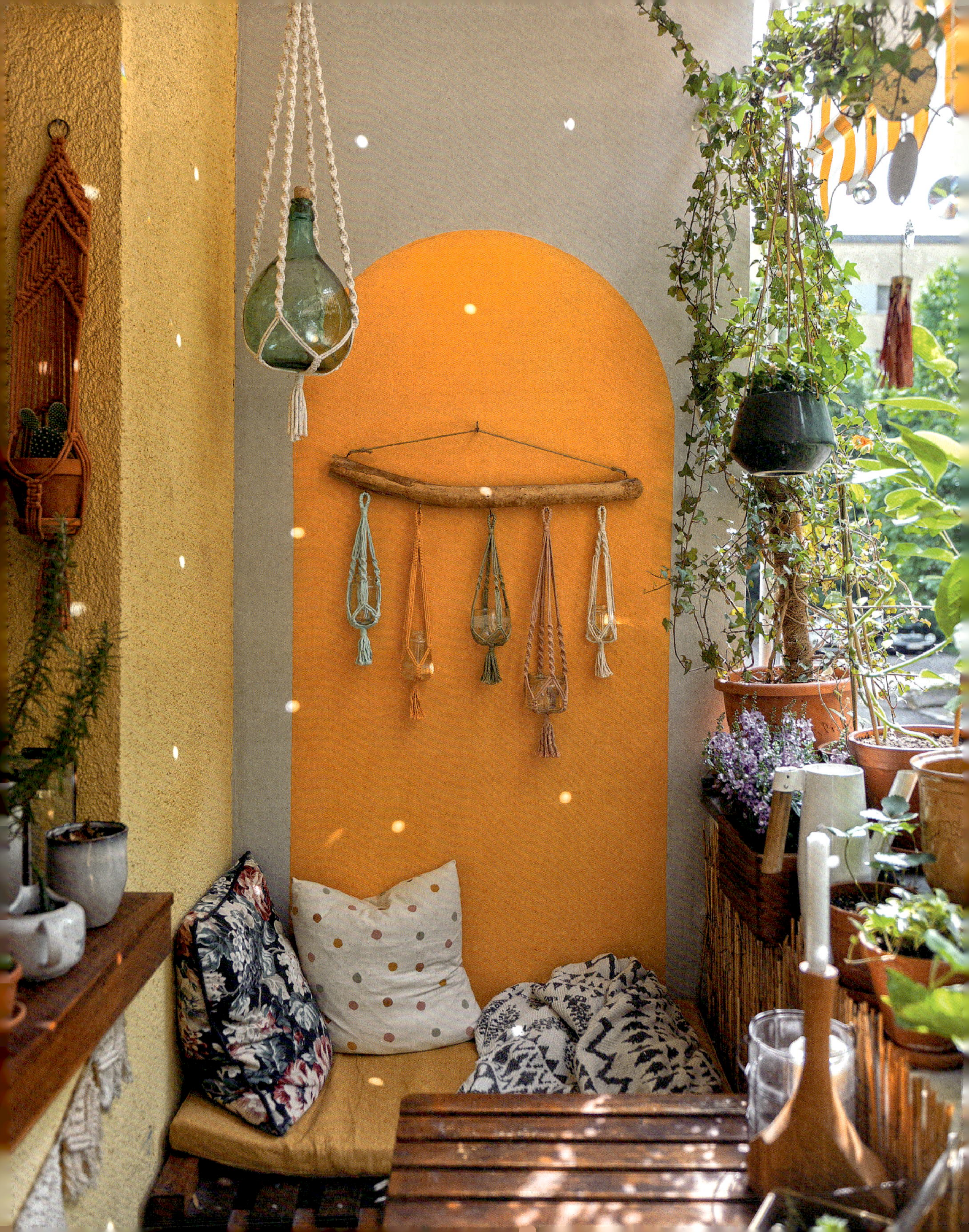

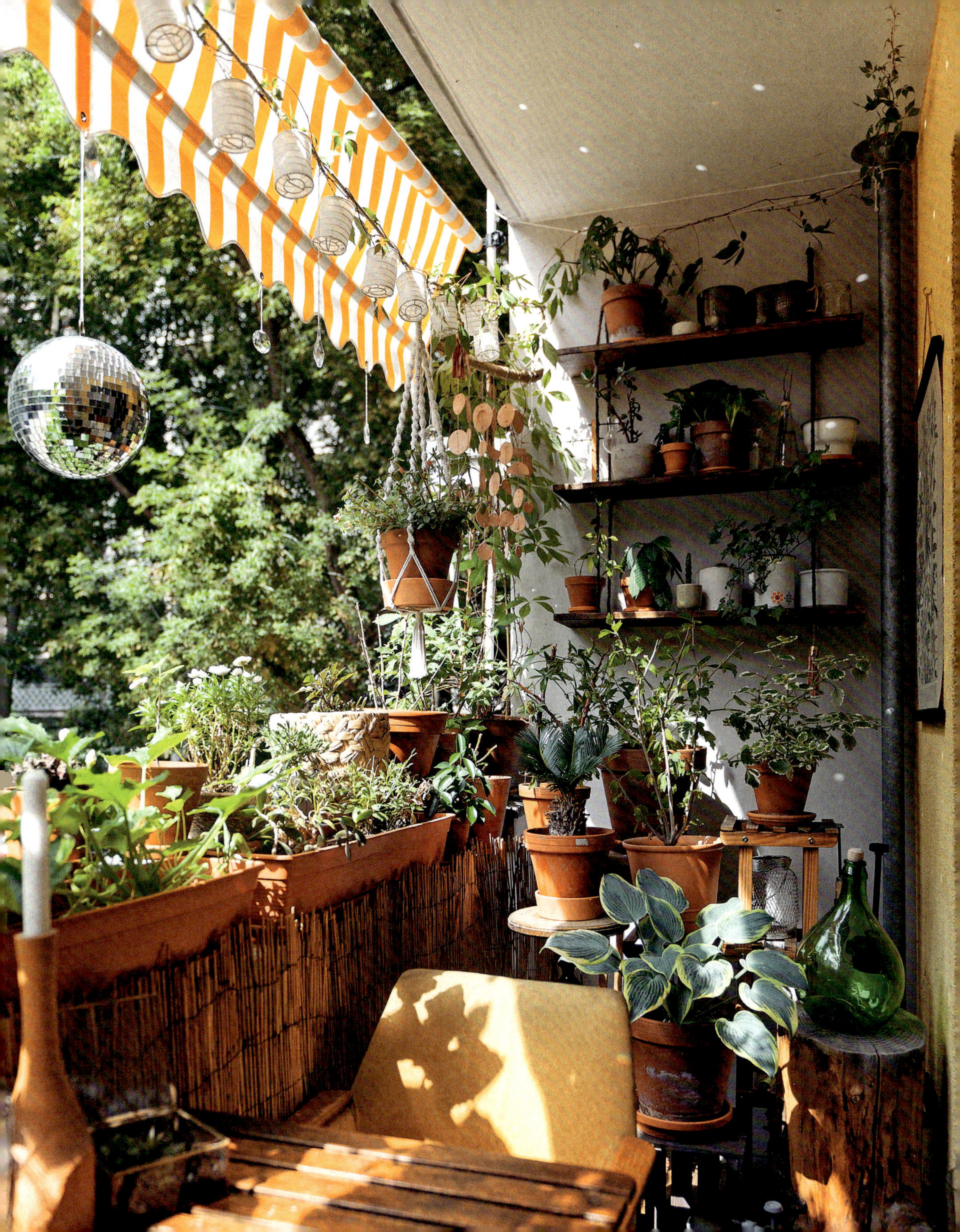

OUTRO

Jetzt bist du auch schon am Ende des Buches angekommen! Ich hoffe, du konntest dich ein wenig inspirieren lassen, bist jetzt voller Tatendrang oder hast vielleicht sogar schon Hand angelegt und tolle Projekte in die Tat umgesetzt!

Ich würde mich unglaublich freuen, wenn du mich auf Instagram findest **@merakikollektiv** und auf deinem Post oder in der Story markierst, denn für mich gibt's nichts Schöneres, als kreative Arbeiten zu sehen und zu teilen. Benutze am besten zusätzlich noch den Hashtag **#merakikollektiv**, denn so finde ich alle tollen Projekte noch schneller.

Danke, dass du dir dieses Buch gekauft hast. Wir sehen uns auf Instagram :)

Alles Liebe, Felix.

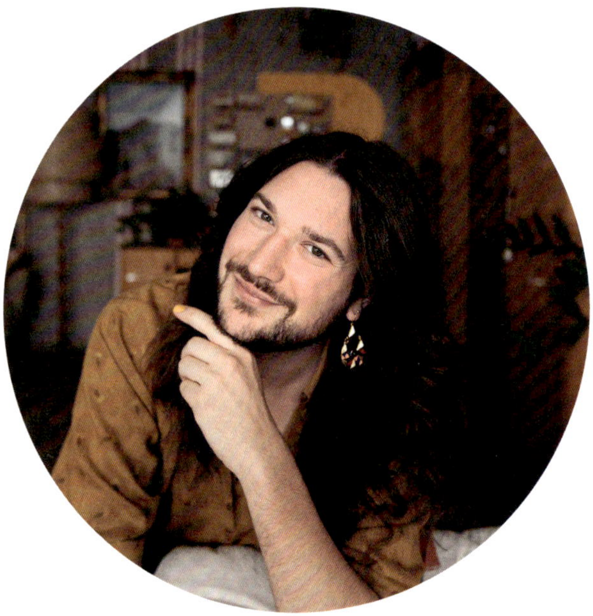

IMPRESSUM

Autor: Felix Grimm
Fotos: Felix Grimm
Produktmanagement: Svenja Wiglinghaus
Lektorat: Sigrun Borstelmann
Korrektorat: Christiane Gsänger
Umschlaggestaltung: Helen Garner
Layout und Satz: Elke Mader
Repro: LUDWIG:media
Herstellung: Kathleen Baumann
Printed in Slovakia by Neografia

★★★★★

Sind Sie mit diesem Titel zufrieden? Dann würden wir uns über Ihre Weiterempfehlung freuen. Erzählen Sie es im Freundeskreis, berichten Sie Ihrem Buchhändler oder bewerten Sie bei Onlinekauf. Und wenn Sie Kritik, Korrekturen oder Aktualisierungen haben, freuen wir uns über Ihre Nachricht an: Christophorus Verlag, Postfach 40 02 09, D-80702 München oder per E-Mail an lektorat@verlagshaus.de.

Unser komplettes Programm finden Sie unter

www.christophorus-verlag.de

Autor und Verlag haben alle Angaben und Anleitungen mit größtmöglicher Sorgfalt zusammengestellt. Dennoch kann bei Fehlern keinerlei Haftung für direkte oder indirekte Folgen übernommen werden. Stoffe, Materialien und Modelle können von den jeweiligen Originalen abweichen. Die bildliche Darstellung ist unverbindlich.

Sollte dieses Werk Links auf Webseiten Dritter enthalten, so machen wir uns die Inhalte nicht zu eigen und übernehmen für die Inhalte keine Haftung.

Die Deutsche Nationalbibliothek verzeichnet diese Publikation in der Deutschen Nationalbibliografie; detaillierte bibliografische Daten sind im Internet über http://dnb.d-nb.de abrufbar.

ISBN 978-3-8388-3822-9

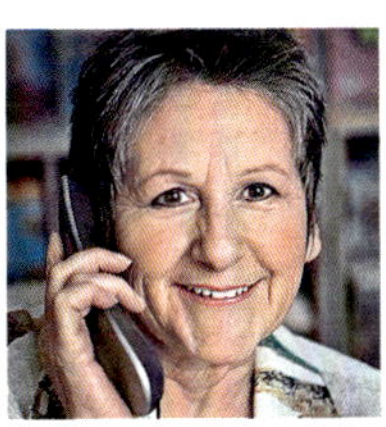

Kreativ-Service

Sie haben Fragen zu den Büchern und Materialien? Frau Erika Noll ist für Sie da und berät Sie rund um alle Kreativthemen. Rufen Sie an! Wir interessieren uns auch für Ihre eigenen Ideen und Anregungen. Sie erreichen Frau Noll per E-Mail: kreativ-service(at)c-verlag.de oder Tel.: +49 (0) 89 13 06 99-577.

Besuchen Sie uns im Internet: www.christophorus-verlag.de
& www.selbstgemacht.de

Ebenfalls erhältlich ...

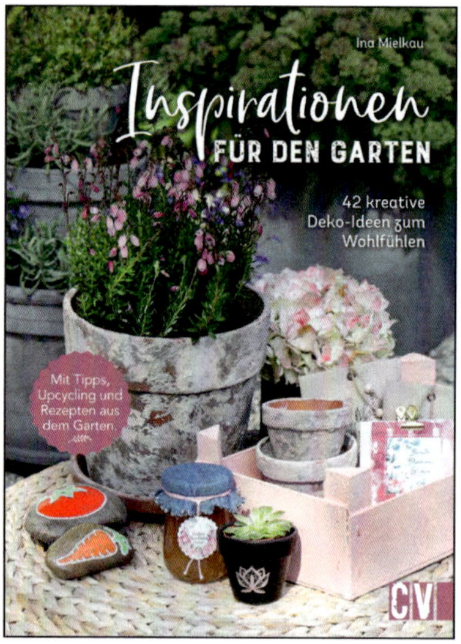

ISBN 978-3-8388-3828-1

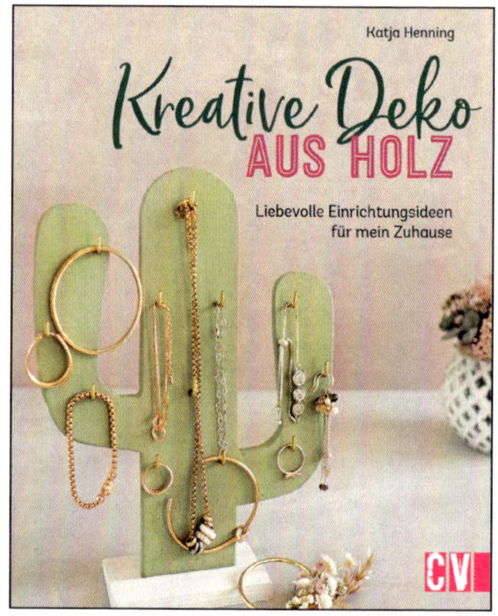

ISBN 978-3-8388-3825-0

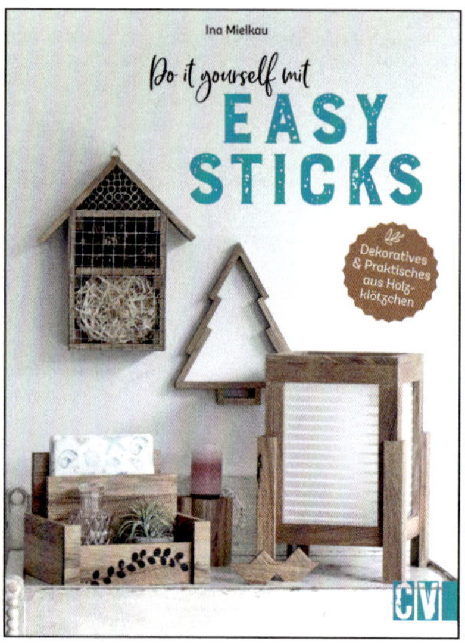

ISBN 978-3-8388-3833-5

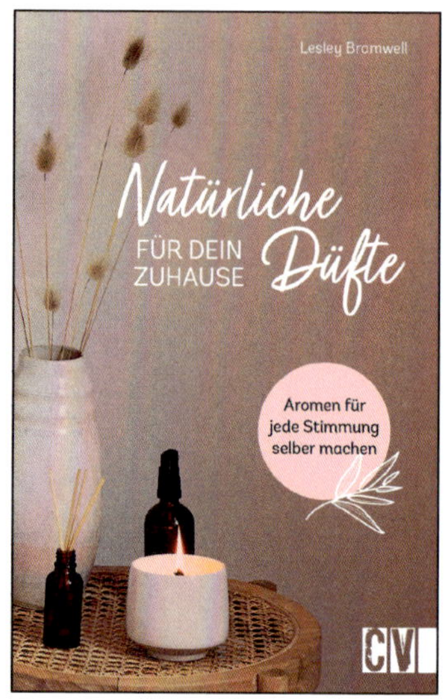

ISBN 978-3-8388-3790-1

www.christophorus-verlag.de